えっ、ママより
美味しい!?

定番料理を
とびきり極上に。

「また作って!」と言われたい。いまさらながらのレシピ教室

中野佐和子

青春出版社

「また作って！」
そう言われることが
もしかしたら、
いちばんの幸せ
なのかもしれません。

「ごちそうさま」
「美味しかった！」

そんな一言がいき交う食卓が
家族の笑顔を見守ってくれることを
願って……。

目次

第3章 作れると何かと便利な一品……133

本書に何度も出てくる下調理
&
便利な調理用品

私が愛用していて、本書でも繰り返し出てくるアイテムや
下調理のやり方をここにまとめました。

炒め玉ねぎを電子レンジを使って作る

カレーやハンバーグなどの肉種に入れる薄切りやみじん切りの玉ねぎは、生のまま使うやり方もありますが、私は前もって低温でじっくり加熱して甘みを引き出して使うことをお勧めします。

ただし、つきっきりでフライパンで炒めるなんて大変すぎてできません。

フライパンを使う場合は最初にさっくり炒めた後は、少し水を入れて蓋をして弱火で蒸し煮にしてもいいですし、電子レンジでもっと簡単に作ることもできます。

↓

耐熱の器にラップという組み合わせ、もしくはシリコンスチーマーなどで、最初は電子レンジ500Wに数分かけて、まず素材の温度を上げます。次に、200W（解凍キー）で最初よりは長めに数分かけます。玉ねぎがしんなりしてわずかに色づいてくる頃には十分に甘みが出ています。飴色になっていなくても大丈夫。量によってレンジにかける時間は変わりますので、それぞれのレシピに記しました。また、電子レンジはどうしても加熱ムラがおきやすいので、量が多い場合は途中で数回かき混ぜておくとより良くできます。

鶏肉の下処理

特に鶏のもも肉は、黄色く見える脂や筋を丁寧に取っておくと仕上がりのお味がずいぶん違ってきます。皮も、料理によっては剥がします。作業には調理ばさみがおすすめです。

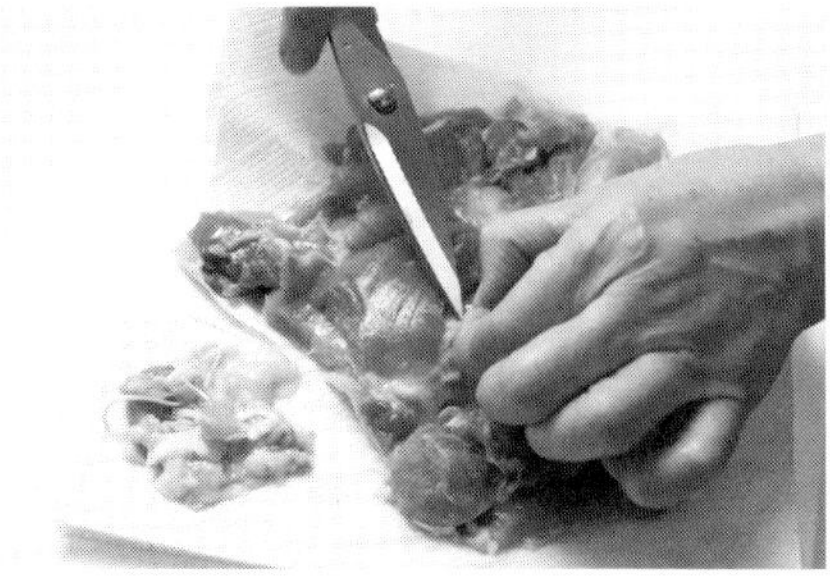

肉のこね方

こねるときに加える塩の働きで粘りが出ます。これを加熱するとたんぱく質が編み目構造を作って肉汁を閉じ込めてくれます。こねる目安は肉の赤い部分と白い脂肪分がよく混ざって全体に白っぽくなり、ボウルの側面にうっすら白く脂肪分がついてくるまで。こねすぎると硬くなりすぎるので気を付けて。

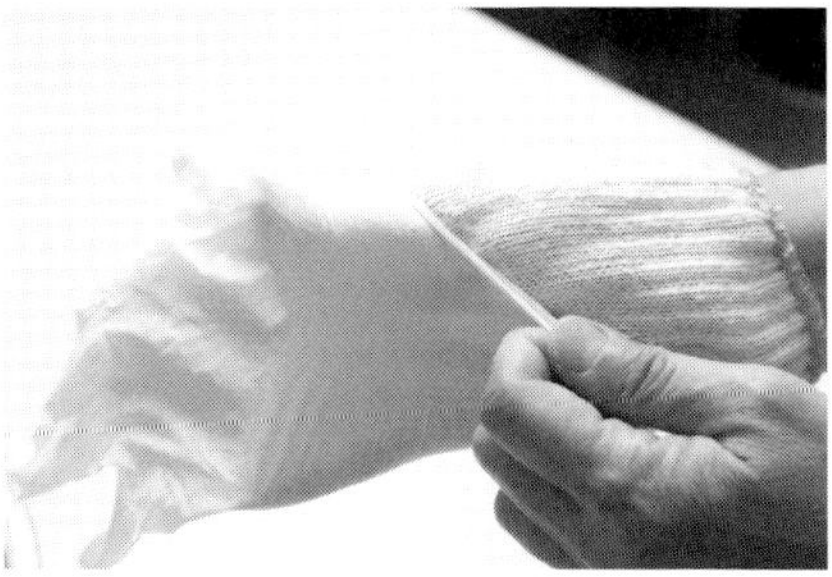

このとき温度が高いと脂肪分が溶け出てしまい、閉じ込めることができなくなります。冷蔵庫から出したての肉を手の熱が伝わらないようにこねてください。

軍手の上からビニール袋や薄いゴム手袋をかぶせて作業すると、肉も温まらず、手も冷たくありません。作業もとても楽にできます。

便利な調理用品

シリコンスチーマー

電子レンジにかける時、いちいちラップをかける手間が省けて大変便利です。

シリコンの泡立て器

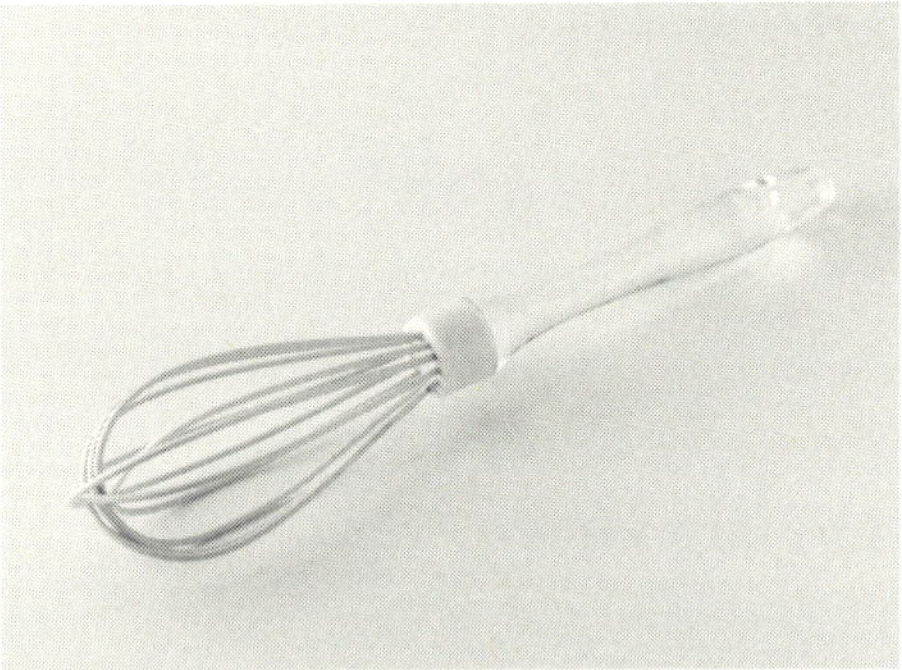

ステンレスのボールやテフロン加工してある調理器具に使うとき、シリコンでカバーしてあるこの泡立て器は、とても便利。百均で売っているのも魅力的。

軍手

オーブン用のミトンは分厚くて指が自由にならず使いにくいときがあります。軍手は指先がきいて作業しやすく、かなり熱いものを触るときは二重にしてもOK。ただし熱いオーブンの天板などは、軍手の上からオーブン用の鍋つかみを使ってください。

計量しなくてもだいたいわかる調味料・分量の目安

大さじ・小さじ・計量カップ

大さじ1は
15mℓ

小さじ1は
5mℓ

1カップは
200mℓ

よく使う調味料や素材(皮つき)のおよその重さの目安

塩
小さじ1＝6g

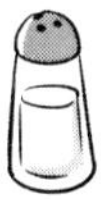

砂糖
小さじ1＝3g

味噌
大さじ1＝18g

人参
1本＝200g

玉ねぎ
1個＝200g

じゃがいも
1個＝150g

セロリ
1本＝100g

電子レンジ

電子レンジは、同じワット数でも電子レンジによってクセがありますので、加熱時間は目安と考えて調節してください。

プロローグ

現役世代を応援する、おばば世代の料理教室

定番料理を
極上につくる

孫、嫁、婿にも食べてほしい！

ひと味違う〝いつものごはん〟

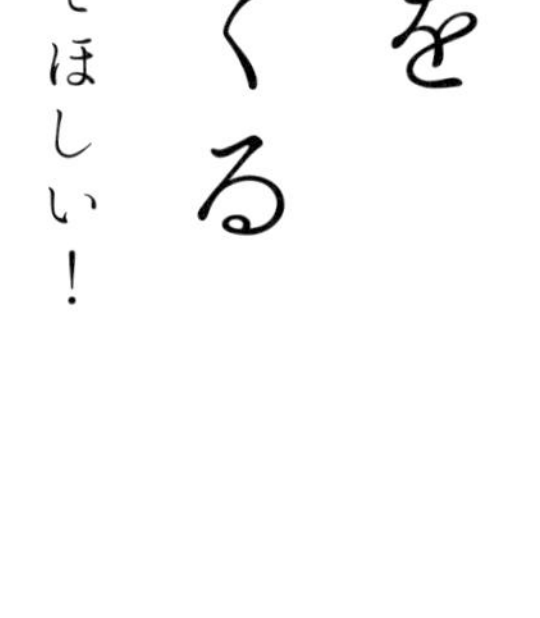

夫も私もワイワイと大勢で囲む食卓が大好き。我が家で集うことがよくありました。で、お友達に「お料理を教えてほしい」と言われたことがきっかけで料理教室を始めたのはもう30年も前のことになりました。子供がまだ幼稚園の頃です。

その教室で好評だったレシピをまとめた本が出版される機会を得たことから、マスメディアによる料理レシピの発信やメーカーのお惣菜開発、広告の分野などに仕事が発展し、夢中で過ごしてきました。

そしていつの間にか積み重なった日々の中で、自分が美味しいと感じる料理も変わってきました。一方で、仕事で培ってきた調理法や調理器具などの知識や経験が積みあがったことで、丁寧に作りながらも、面倒な空気感が漂わない調理法を押し込むこともできるようになってきたようにも思います。

そんなこんなの間、ずっと続けてきた料理教室。

月に一度、和・洋・中と回しながら各回料理三品デザート一品と作ってきたわけですから、ざっと数えてもそれぞれに約三〇〇品の料理を作ってきた勘定です。

そして長きにわたっていらしてくださる皆さんと共に齢を重ね、教室は今や初孫ラッシュの年代が中核となりました。

そんな中で数年前のことです。

「先生、とびきり美味しいハンバーグっていうのを教えていただけませんか？　ずっと作ってきたけれど、なんとなく作ってきているので、一度とびきり美味しい極上のハンバーグを習ってみたいんです」

と言われたのです。これに私は目からうろこが落ちる思いがしました。

教室を続けて30年。その間様々にテーマを決め、こんな料理が習いたいというご要望も取り入れ、新しい食材や調味料、流行も取り入れて料理を作ってきました。が、そういえば本当の定番、お母さんが作っていたような家庭料理は教室で取り上げてこなかったなあ〜と。お母さんが作っていたのを見て、なんとなくわかったつもりで、たいして疑いもせずになんとなく作っている料理……。

まさにハンバーグもその代表格のような料理です。そこで、ハンバーグのいろいろな作り方を調べて、「極上のハンバーグとはこれだ！」という私なりの結論を出そうと試行錯誤を始めました。

教室にいらっしゃる方々の大半は料理初心者ではなく、さらに美味しいものが大好き！という方々。その上「極上」を目指すというのですから、たどり着いたレシピは決して簡単・時短料理ではありません。

それなりの素材のこだわりと（高価という意味ではありません）、丁寧な作り方を良しとする、あくまで「極上」を目指したレシピです。

ですからどのくらいの方々が実際に作ってみてくださるのか少し不安でした（美味しいもの大好き、料理好きの料理上手、ベテラン主婦といえども、やっぱり日々悩まされる食事作りは私も含めて、そりゃあ簡単時短に勝るものはありません)。

私としては、次にお会いしたときに、

「作りましたよ～～」

「美味しかったですよ～～」

とたくさんの方が言ってくださってこそのモチベーションですので……。

そんな心配をよそに、ほとんどの方が実際に自宅で作って家族に感動されたと嬉しそうにおっしゃり、

――孫がね、こっそり寄ってきて、

「ママより美味しかったよ。また作ってね」

と言ってくれた――

とか、

――婿がね、

「ものすごく美味しい」って言ってくれたの。

婿に褒められたのが何しろ嬉しかったわ～～

――

といった感想で料理教室が満ち溢れた(ちょっと大げさ)のです。

まだ高校生や大学生のお子さんがいらっしゃる、比較的若い層の方々も、

「このハンバーグ、いつもより断然おいしい！　また作って!!」

と子供さんに言ってもらったとか、

「4日続けて作りました！」

と言ってくださるではありませんか！

やっぱりいつもの料理がとびきり美味しくなると、家族の反応も大きいのだなあと実感

した次第です。

そしてそれと同時に分かったことは……。

そうです！　姑🔰（若葉マーク）世代の私たちは、お孫さんやお嫁さんやお婿さんに料理で褒められることがとても嬉しい世代なんだということです。

中にはお子さん世帯と同居されて、食事作りを一手に引き受けていらっしゃる方も少なからずいらっしゃいます。

そんな中でどんな家庭でも作られる「超定番」料理を「ママより美味しく作る」ということのちょっと自慢な気持ち。これが婆心（ばばごころ）をくすぐるんです。

なるほど～～と、この反響に気をよくした私はそれ以降次々と「超定番」な家庭料理に取り組み、そして教室で披露してきました。

そうすると、今度はいらしている方々から

「マカロニサラダが習いたい」

「ポークソテーがうまくできない」

などと、

「えっ！　マカロニサラダ？　ポークソテー？」

と、こちらが今までお教えする料理としてまるで眼中になかったようなリクエストが出てきてびっくりしたり……。

そんな風に極上定番レシピが少しずつ積みあがってきましたら、なんだかまとめてみたくなりました。そこで編集者さんに相談してみたところ、めでたくゴーサインが出ました。

出たはいいのですが……。

何とタイトルは、

『ママより美味しい！　極上定番料理』でどうですか？　とのこと（最終的に、若干の修正が入りました）。

この企画の話をたまたま聞いた、結婚したばかりの甥っ子は、

「『ママより美味しい！』？　それって嫁姑戦争を仕掛けているようなタイトルだねぇ～攻めるね～」

と言って大笑いし、それからしばらく経った頃には、

「嫁姑戦争が起こりそうな料理本、楽しみにしてるヨ！　『嫁より美味しいだっけ？』『義母より美味しいだっけ？』」

とわざわざＬＩＮＥが来る始末。

いえいえ、そうじゃありません！

現役世代は女性も皆仕事を持ちつつ、子育てや家事に忙しい昨今。

料理と言えば「簡単時短」がキーワードに。

必然的にたれ、つゆ、ドレッシングと言った合わせ調味料に頼ることが多く、さらには目的料理用に調整された○○鍋の素や中華料理の○○の素、あるいはマリネ用や寿司用の○○酢なども多く売られて使う機会も増えています。

こうした複合調味料は計量の手間もなく、安定した「わかっている味」に仕上がるので便利です。さらには既製品のお惣菜を買って済ませることも増えています。

ですが、こうしてとにかく食事ができるときはまだ良いほうなのかもしれません。

とりわけお子さんが大人と同じものを食べられない離乳食の時期などは、仕事の帰りに保育園にお迎えに行って、帰ったら子供をお風呂に入れて離乳食を作って食べさせて寝かしつけて……なんてしていると、ママはもう疲れ切って、自分の口には何も入れないまま寝てしまうなんていう日もあると聞きます。

だってつくづく疲れたときは簡単料理を作るどころか、コンビニ弁当を買うのも億劫になるし（もうとにかく家に帰りたいと思ってしまう）、ましてや洗い物なんてとんでもない。そんなときのために、チンして食べたらそのまま容器をごみ箱へというものが備蓄されていることも必要かもしれません。

インターネットで検索すると、
「力尽きた時におすすめのインスタント食品・レトルト食品23選」

などというサイトもあって、買い置きしておける食品が紹介されたりもしています。

バナナ1本、ヨーグルト1つでもよいからとにかくママの口に入ればいいなと思います。

そういう現役世代と違って、子供も巣立ち、時間にもお財布にも少しゆとりができるのが私たちお婆世代。

さらには、これは残念なことなのかどうなのか、齢を重ねてくると便利に使っていて美味しいと思っていた複合調味料がいささか体に重たくなり、市販のお惣菜はお味が濃くて油っぽいと感じることが増えてきます。

なんというのでしょうか？　口に不味《まず》いのではなくて、体に不味い感じ？

塩、砂糖、醤油、酢といった基礎調味料を使い、だしを取り、野菜や肉や魚の、素材そのものが持つ旨味を引き出した料理が美味しいと感じるし、いただきたいのです。

丁寧に自然の旨味を引き出して体に美味しいものを作ることと、なるべく面倒な空気感のない作り方を工夫して（お婆世代だって面倒なものは面倒なんです）、自分たちが美味しいと思える食事を作りながら、若い世代を応援する。それが本書の目的です！

でもやっぱり「美味しい」って喜ばれたいかな？　お嫁さんに。

ちょっと褒められたいかな？　ママにはこっそりと孫に、婿に。

レシピ作りの上では、

- **できる範囲で素材や調味料にこだわる**
- **調理の理論を理解して取り入れる**
- **調味料に頼らず素材の旨味を活かす**
- **電子レンジやオーブントースター使用をできるだけ取り入れて、なるべくお手軽に作る**
- **油脂や塩分、辛味を控え、子供からシニア層まで安心していただける味作りをする**

といったことに留意し、**無駄は省くが必要な手間は省かない**ことに徹したつもりです。

使った素材や調味料、調理器具の情報も掲載し、工程もつぶさにわかるように努力しました。また、文章や写真だけでは伝わりにくいと料理教室で実感したプロセス部分には、簡単な動画をつけてみました。ＱＲコードを見られる方は、ご利用いただけたら嬉しいです。

さらには超定番な料理ばかりですので、それぞれにまつわる私自身の思い出もたくさんあります。そんなことも交えながら話を進めていきたいと思います。同時に「料理研究家」としていかにこのレシピを提案するに至ったかも少々解説してみました。

孫や嫁や婿に褒められたい御婆世代の方だけでなく、まだまだ忙しい若い方にも、時間があるときには試しに作っていただけると、大変うれしく思います。

普段は簡便な市販のお惣菜や複合調味料を上手に使いつつ、少し時間や気持ちに余裕のあるときには、基礎調味料と丁寧な作り方の料理にも挑戦して、画一的ではない、豊かな味覚を楽しんでくだされればうれしい限りです。

第1章

子供も大人もみんな大好き！
「超定番」料理

1 ハンバーグ

どんな世代の人たちにも男女を問わずに愛されているハンバーグ。

家庭料理の代表格で、いたって平たい料理なのに、ちょっと贅沢感があって、ちょっとボリューム感があって、ちょっとワクワクな空気感が漂う料理ですよね。

ひき肉と玉ねぎと卵とパンをこね合わせて焼いたもの。牛なのか豚なのか（鶏や豆腐という選択も）、玉ねぎは炒めるのか生なのか、パン粉か食パンかフランスパンか？　それとも麩《ふ》？　というところあたりが違いというかこだわりポイント。それぞれの量も大雑把に。

そして「焼き」だけで火を通そうとすると結構失敗するので、ちょっと焼き色がついたら煮込みにしてしまう。これがごく一般的なご家庭のハンバーグではないでしょうか？

私も結婚当初はそんなハンバーグを作っていました。

料理教室で「極上のハンバーグを」と言われて、それではどう考えてレシピ作りをしたのか？　その話は後に譲って、まずは作ってみましょう。

ポイント

ハンバーグを作るときの最大のポイントはお肉選びです。同じように「牛切り落とし(バラ、肩、モモ)」と表示されていても、スーパーによってこんなに違います。左側程度の脂加減がベターです。

ちょっぴり大人の極上ハンバーグ

材料（2～3個分）

牛切り落とし（バラ、肩、モモなどの混合が望ましい）……250g

豚ひき肉（赤身ではないもの）……50g
塩……2.5g
溶き卵……15g（L玉1/4個）
麸……5g

赤ワイン 大さじ1＋水 大さじ1
（もしくは牛乳 大さじ2）
玉ねぎ……50g（1/4個）
トマトケチャップ……小さじ1
ナツメグ、胡椒……各少々

作り方

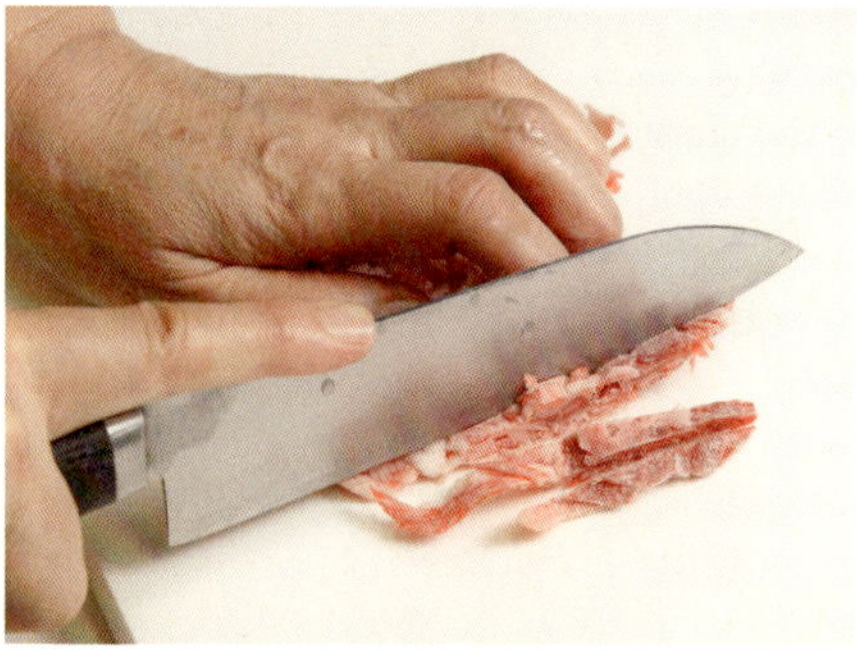

① 牛切り落とし肉は、5ミリ角に切る。

ポイント 牛切り落とし肉は、薄く広げて冷凍庫に入れ、30分ほど置いて凍りかけたところで5ミリ角に切るとサクサクと楽に切れる。

②玉ねぎはみじん切りにし、電子レンジにかけて(ラップして500Wで3分、ラップを外して200Wで5分) 冷ます。(P8参照)
麩は、なるべく細かく砕いて、赤ワイン+水と合わせておく。

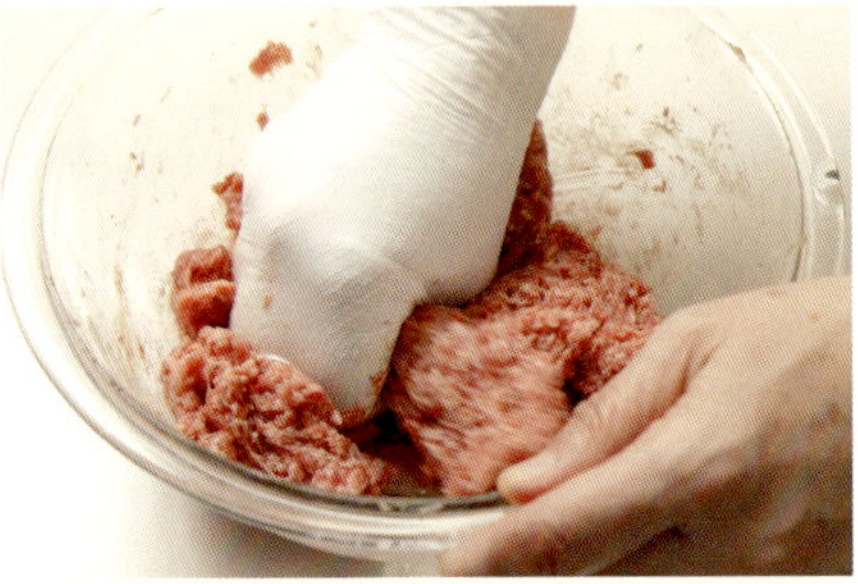

③ボウルに肉類と塩を加え、粘り気が出るまでよく混ぜる。

ポイント 肉を練るときは冷蔵庫から出してすぐの冷たい肉を手の熱が伝わらないようにこねる。(P9参照)

↓

ほかの材料もすべて加え、全体が白っぽくなり粘り気が出るまで素早く混ぜる。

④タネを2〜3等分し、成形する。このとき、小麦粉を薄く全体にはたきつけておいてもよい。

⑤ フライパンに油を少々入れ、中火強（IH5）にして180度くらいになったら焼き始める。1分焼いたら弱めの中火（IH3）にし、さらに2分焼く。このときフライパンをゆすると焼き目が、まんべんなくつく。フライ返しでひっくり返し、中火（IH4）で2分ほど焼く。

参考 ティファールのフライパンのサインは180度で変わる。お持ちの方は手をかざして、熱感を覚えておくと便利。

⑥ オーブントースターの天板にアルミホイルを敷いてハンバーグを移し、上からもアルミホイルをかぶせて強火（200度）で10分前後、焼く。

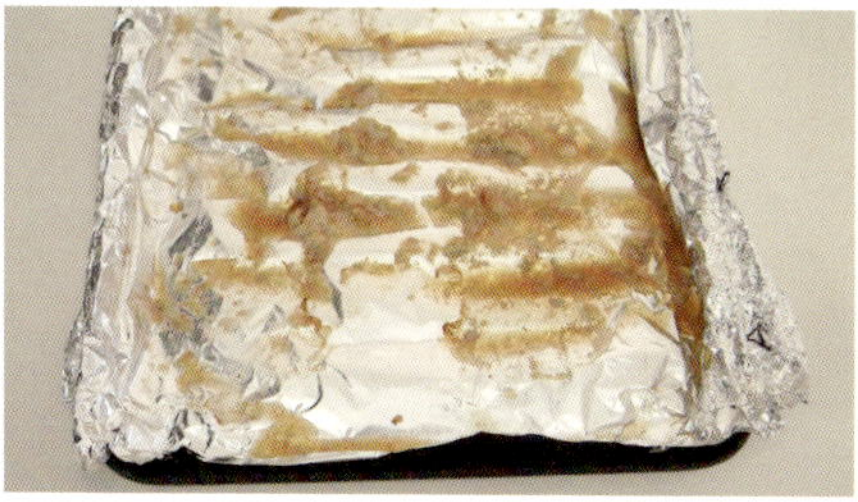

⑦ 敷いたアルミホイルにたまった肉汁をフライパンに戻し、下記ソース材料を加えてひと煮立ちさせ、ソースとする。

ソース材料

トマトケチャップ……………… 50g
赤ワイン……………………… 小さじ2
ウスターソース……………… 小さじ2
練りからし…………………… 小さじ1

ちょっぴり大人の極上ハンバーグ レシピはP25

お肉を刻むのが大変そうですか？

刻むお肉の量を減らして食感を子供向けにしたレシピをご紹介する前に、このレシピにたどり着いた経緯をお話ししたいと思います。

大阪の豊中で暮らしたときのこと。住宅街の中をお肉の移動販売車が回ってきました。その車の主は大阪では有名だったレストランの元コックさんでした。ですから料理に詳しく、そしてお肉もとても高品質でしかもお安い。何より美味しく食べてもらいたいという気持ちが強く、ご自分の利益はどのくらいあったのかというお値段でした。

ハンバーグを作ると言うと、彼はその場で５００～６００ｇの薄切り牛肉を刻んでくれました。「機械を通さないお肉は味が違うよ。これに卵一個とニンニクみじん切りを少し入れて塩・胡椒だけでよく練って焼いてごらん」と。

作ってみるとそれはステーキのように美味しくて、ハンバーグってステーキを気軽にいただく工夫だったんだ?!　と思ったくらい。それ以来、我が家のハンバーグはすっかりこのやり方になりました。

しかしこのハンバーグを作り続けるには、以下の二つの問題点がありました。

❶この作り方で美味しくするためには牛肉とその部位を選ぶ必要がある。

❷５００～６００ｇのお肉を家庭で刻むにはちょっと覚悟がいる。

大阪を離れた後は、薄切り肉を買ってきてフードプロセッサーで作ってみたりしましたが、やはり何か違うのでしょう。あんなに美味しいと言っていた子供が「もっとふわっとしたハンバーグがいい」と言うようになって作る機会が減っていきました。もともと「つなぎ」がないので柔らかくはありませんでしたが、確かにごつごつした感じになってしまうし、お肉の香りも弱いのです。

「極上のハンバーグ」と言われて、まず頭に浮かんだのは、このハンバーグでした。少し固めではあってもスパッと刻まれたお肉が口の中でほろほろっと崩れてくるような食感とそして何より肉の香りがパッと立つ美味しさ。

そこで、このハンバーグに家庭で美味しく作るために工夫を加えることにしました。

牛肉部分は市販のひき肉を避けて薄切り肉を使います。「切る」作業は疲れますが、軽く冷凍することで解決します。切りやすくもあり、またサクッと切れるのでお肉の食感も残ります。選別が難しいお肉の部位は、いろいろな部位が混じっている切り落としを使うことで適度な風味と脂を混ぜ込みます。さらに、少し豚肉を加えます。別の風味を加えることで旨味の幅を広げたいのと、豚肉のほうが柔らかくできるからです。

つなぎはパンよりも保水力がある麩を使い、つなぎの卵は少なめにしました。卵が多いとお肉が固く締まった感じになるのと、肉の香りが弱まる気がするのです。

そして水分を少し入れます。これも食感を柔らかくするためです。肉種が固いと加熱後の出来上がりも固く、柔らかいと出来上がりも柔らかい。そしてこの固さは水分で調節できます。肉団子などでもお試しください。

　水分を赤ワインにするとシャープな大人っぽい風味に、牛乳にすると万人向けなマイルドさに。どちらもなければ水でも構いません。

　お肉の構成を少し変えた２種類のレシピを作りました。ちょっと頑張ってお肉を切って、食感も香りもいつもとは違う極上を目指す「ちょっぴり大人の極上ハンバーグ」と、これからご紹介する、ひき肉を多く使って作りやすくもあり、子供にもなじみのある食感に仕上げた「みんなで美味しいハンバーグ」です。合いびき肉の牛と豚の割合は７：３がスタンダードなようですので、それに合わせて刻んで加える牛肉の量を調整しました。

　ちなみにこのレシピを作るときに私が使ったお肉はオーケーストアの豪州産牛ひき肉７：国産豚肉３の合いびき（１３９円／１００ｇ）、和牛黒毛Ａ４切り落とし（バラ、肩、モモ）（３２９円／１００ｇ）、沖縄県産豚ひき肉（１４５円／１００ｇ）です。

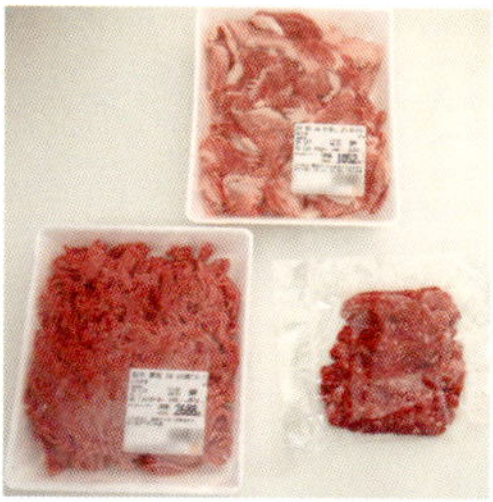

　難しい「焼き」は表面に焼き色を付けた後、オーブントースターを使って仕上げました。この方法ですと失敗しません。おじさんセレクトのお肉ではなくても、かなり美味しいと思う自信作です。是非お試しください。
　次に「みんなで美味しいハンバーグ」をご紹介します。作り方は「ちょっぴり大人の極上ハンバーグ」に準じます。

みんなで美味しいハンバーグ

材料（2～3個分） ※作り方はP25～27に準じます。

合いびき肉（牛7：豚3が望ましい）…… 200g
牛切り落とし（バラ、肩、モモなどの混合が望ましい）…… 100g

塩 …… 2.5g
溶き卵 …… 15g（L玉1/4個）
麩 …… 5g
牛乳 …… 大さじ2
玉ねぎ …… 50g（1/4個）
トマトケチャップ …… 小さじ1
ナツメグ、胡椒 …… 各少々

おまけ ハンバーガー用パテのレシピ

これは同じく薄切り肉を刻みますが、サクッとエッジが立つように切るのではなく、冷蔵庫から出してすぐの肉をまな板に広げて塩を振り、包丁でたたくように細かくしつつ粘りを出していきます。そして黒胡椒、ニンニクを混ぜ込んで薄い円形に成形し、フライパンで焼きます。量をたくさん作るときは軽くフードプロセッサーにかけても構いません。

ハンバーガー用パテ1個分

牛肉切り落とし（バラ、肩、モモなどの混合が望ましい）…… 60g
ニンニクみじん切り …… 小さじ1/2
塩・黒胡椒 …… 各少々

2 オムライス

オムライスの鍵はチキンライスにあり

テレビを見ていたら、大リーグで活躍中の田中将大さんが、勝負飯として試合に出かける前に必ずオムライスを召し上がると話されていました。

卵でくるまれているにしろ、とろとろ卵がかかっているにしろ、その美味しさの鍵はやはりチキンライスにあると思います。

野菜と鶏肉とご飯をちゃちゃっとケチャップで炒めたものではなくて、しっかりと野菜の旨味を引き出して、まるでソースのようにしたものとご飯を混ぜ合わせて作るチキンライスでは、全く違うものが出来上がります。

飴色玉ねぎと同じで、つきっきりで炒めたりすることなく、「炒め蒸し」ともいうべき手法を取り入れて、美味しいチキンライスを手軽に作りましょう。

卵と合わせてオムライスにするだけでなく、ホワイトソースをかけてオーブントースターで焦げ目をつけ、ドリアにしても絶品ですよ。

オムライス

卵でうまくくるむコツを動画で！

ポイント　野菜にじっくり火を通して旨味と甘味を引き出し、ケチャップと一体となるまでよく炒めてからご飯と合わせることで、しっとりと旨味の濃いチキンライスに。

材料（2人分）

- ご飯……180g
- 鶏もも肉……120g
- 人参……30g（1/6本）
- セロリ……25g（1/4本）
- ピーマン……1個
- 玉ねぎ……50g（1/4個）
- オリーブ油……小さじ1
- トマトケチャップ……大さじ2
- 塩・胡椒……少々
- 卵……3個

作り方

1. 鶏肉は小さく切る。野菜はすべてみじん切りにしておく。

2. フライパンにオリーブ油小さじ1を入れて中火にかけ、鶏肉をごく軽く塩・胡椒して炒める。鶏肉の周囲の色が白くなってきたら野菜をすべて加え炒め合わせる。

3. 玉ねぎが透き通ってきたら、ごく弱火にし、必要なら水（分量外：酒や白ワインを使うとなお良い）を大さじ2くらい足して、蓋をして7〜8分蒸し煮にする。

④ 蓋を取ってケチャップを加え、火加減を中火に戻して汁けがなくなるまでよく炒め合わせる。ご飯を加えて混ぜ合わせ、よくなじんだら火を止め、取り出しておく。

⑤ 卵はボウルに割り入れて塩・胡椒して溶きほぐし、フライパンにオリーブ油小さじ２（分量外）を入れて中火にかけ、フライパンがよく温まったら卵液の半量を流し入れる。素早く鍋を縦にゆすりながら菜箸を左右に動かす感じで卵をかき立て、半熟になったら火を止める。

⑥ 卵の中央にチキンライスの半量をのせ、そのままお皿にスライドさせながら最後にフライパンをひっくり返す。２個作る。好みでケチャップをかけ、プチトマトとベビーリーフを添える。

3 クリームシチュー

クリームシチューを美味しく作るにはホワイトソースが美味しく作れないとなりません。ホワイトソースを丁寧に作って、あとは野菜や鶏肉のもつ旨味を活かし、少しボリューム感が足りなければベーコンの力を借りて、とにかくとにかく素材の旨味だけでお味を決めましょう。そうすれば市販のルーを使ったものとは決定的に違うものが作れます。

レシピ中でしめじを冷凍しておくのも、旨味が増すからです。人参と玉ねぎを先に弱火で煮るのも旨味をしっかり引き出すため。こうして丁寧に引き出した旨味が積みあがって料理のお味を変えていきます。

クリームシチュー

ポイント ホワイトソースを丁寧に作る。

材料（3〜4人分）

鶏もも肉 …… 300g
塩 …… 適量
人参 …… 100g（1/2本）
玉ねぎ …… 100g（1/2個）
じゃがいも …… 1個
しめじ …… 1/2パック（しめじは石突を取り、冷凍しておいたものを使う）
ブロッコリー …… 適量
ブロックベーコン（好みで）… 150g
水 …… 800㎖

バター …… 40g
強力粉 …… 35g
生クリーム …… 50㎖
胡椒 …… 少々

作り方

①鶏もも肉は皮と脂を取り除き（P９参照）、両面に塩を振って10分ほど置き、ひと口大に切り分ける。人参、玉ねぎ、じゃがいもはひと口大に切り、じゃがいもは水にさらす。

ブロッコリーは小さめに切り分け、塩を少々振って電子レンジに軽くかけておく。

②鍋に、水、鶏もも肉を入れて強火で沸騰させ、一気にアクを取ったら、中火で10分ほど煮込む。

ポイント 肉のアクを出すために鶏肉は水から煮込み、アクはちょこちょこ取らずに、ひとかたまりになったら一気に取る。

③さらに人参と玉ねぎを加えて弱火で10分程度煮る。

↓

↓

↓

④ 煮込んでいる間にホワイトソースを作る。

バターを耐熱容器に入れふんわりラップをして、電子レンジ(500W)で１分ほど加熱する。上のほうが澄み（澄ましバター）、下のほうは白く濁った部分（乳しょう）の２層に分かれる。

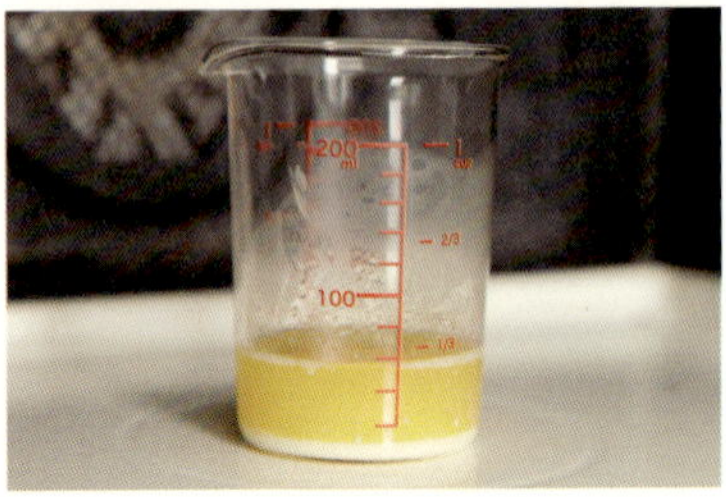

⑤ フライパンにこの上澄み部分だけを入れ、弱火で強力粉を加えて混ぜ合わせ、団子になったのをほぐすようにヘラでのばしながら加熱を続けると緩んでくる。さらにフツフツと泡が出るまで加熱したら、③の鍋の煮汁を少しずつ加えてのばしていく。

ポイント 乳しょうが入っていると焦げやすいので上澄み部分だけを使う。乳しょうは出来上がりに加えるとコクが出る。

6 ③の鍋にじゃがいもとしめじを加えて２～３分経ったら⑤のホワイトソースも加え、混ぜ合わせる。

7 さらにブロッコリーと（好みで1～2センチの厚さに切り分けたブロックベーコン）、乳しょうと生クリームも加えてひと煮立ちさせる。

8 最後に塩（小さじ1～）と胡椒で味を調える。

クリームシチュー　レシピはP36

ビーフシチュー　レシピはP42

4 ビーフシチュー

ルーやデミグラスソースの缶詰を使わないで作ろうとすると、家庭ではちょっと無理な気がするのがビーフシチューです。クリームシチューのホワイトソースにあたる部分が断然手がかかります。

そこで、イタリアはピエモンテ州の伝統的な料理、「牛肉の赤ワイン煮込み」を応用する形で考えてみました。

これは、肉と野菜を赤ワインと香辛料で漬け込んだ（マリネする）のち、お肉は一旦取り出して焼き、再び野菜とマリネ液と共に合わせて煮込みます。煮込んだら肉以外はブレンダーにかけてソース状にします。お肉は切り分けてソースと合わせる料理です。このソースをビーフシチューのルーの部分ととらえて、そこに新たに茹でた人参やマッシュルームを加えてビーフシチューとするということです。栄養的には、ソースをお肉に絡ませていただくだけでも十分ですが、彩りと食べ応えという意味で新たに野菜を加えて。

このビーフシチューがもしかしたら、この本の中で最も材料費がかかり、かつ作ろうとしてからの時間がかかるものかもしれません（ここで使ったお肉はオーケーストアで和牛Ａ５ブロック５４９円／１００ｇのものです。ワインは安価な赤ワインでかまいません）。

クリスマスなどにぴったりなご馳走です。

ビーフシチュー

材料（4～5人分）

牛のもも肉塊	500g	ニンニク	1片
赤ワイン	400㎖	オリーブ油	小さじ1
玉ねぎ	150g（3/4個）	塩・胡椒	少々
セロリ	100g（1本）	バター	5g
人参	100g（1/2本）	スープキューブ	2個
ローリエ	2枚	水	400㎖
ローズマリー	1枝	好みの野菜（人参、小玉ねぎ、マッシュルームなど）	

作り方

工程1　肉とソースの部分を作る。＝牛肉の赤ワイン煮込み

↓

↓

1　牛肉は塊のまま、粗く切った人参、セロリ、玉ねぎ、潰したニンニクとローリエ、ローズマリー、あればクローブ（5～6粒）も入れて赤ワインを注ぎ、半日程度冷蔵庫で漬け込む。

2　牛肉を取り出し水気をふいて塩・胡椒し、オリーブ油を入れたフライパンを強火で熱して、表面をこんがりと焼く。

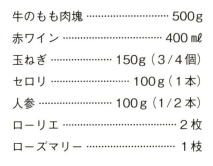

⑤ 肉、ローリエとローズマリーとクローブを取り出し、煮汁をミキサーにかけ塩・胡椒とバター5gで味を調えソースとする。肉は大きめに切り分け、ソースとからめる。←ここまでで牛肉の赤ワイン煮込みが完成。

ポイント 煮汁の煮詰め加減はお好みで。煮詰め過ぎた場合はコンソメでのばす

工程2 野菜を茹でて加えることでビーフシチューの完成

⑥ 人参、小玉ねぎ、マッシュルームなど好みの具材は別に茹でる。

⑦ コンソメスープで好みの濃度にしたソースと⑥の野菜、⑤の肉を合わせてビーフシチューの完成。好みでパセリを散らす。（写真P40）

③ 焼き色が付いたら肉は鍋に移し、フライパンの火を弱火に落として、やはり漬け汁から取り出した野菜を入れて弱火でじっくりしんなりするまで炒める（少し漬け汁を入れて、蓋をして蒸し煮のようにしてもよい）。

↓

④ ③の野菜も鍋に加え、漬け汁と水400㎖とスープキューブも加えて中火にかけ、煮立ったら最弱火にして蓋をし、コトコトと2時間程度煮込む。

↓

5 ロールキャベツ

ロールキャベツは、肉種をキャベツで巻いてスープキューブで煮込んで作りますよね。

このとき陥りやすいのは、肉種のお味は薄くてスープのお味が濃いという状態です。実は肉種自体にしっかりお味があって、スープは薄味のほうが美味しく感じるのです。

ですから、肉種にケチャップやスープキューブなどを使ってしっかりお味を入れ込み、同時に白ワインを使ってお肉の臭みを消すと共に水分を補給して肉種をふんわり柔らかくしておきます。玉ねぎも電子レンジを使って旨味を出しておきましょう（P8参照）。

さらにロールキャベツは煮込んだキャベツの美味しさが命ですから、大小2枚の葉を使ってお肉を巻きます。

そして水だけで煮込みます。その代わりに、人参やセロリなどの香味野菜を加えることで野菜のだしをとります。添え野菜も一緒に作れて一石二鳥です。ソーセージやベーコンを加えるとコクが出てボリュームのある一品となりますが、あえて加えずキャベツの柔らかな旨味を感じたいと思います。

煮込む時間ですが、1時間では足りません。極上にするには2時間（ケチっても1時間半）煮込むことが一番の早道です。

試しに1時間煮た時点と2時間煮た時点でのキャベツを食べ比べてみてください。

全然違うものになりますので。

ロールキャベツ

材料（8個分）

キャベツ …………… 1個（1キロ程度）
合びき肉 ……………………………… 400g
塩 …………………………… 3g（小さじ 1/2）
黒胡椒 ………………………………… 少々
玉ねぎ ………………………………… 1個
トマトケチャップ ………………… 30g
白ワイン100㎖＋スープキューブ1個
拍子木に切った人参、セロリ
……………………………… 各1本分
マスタード …………………………… 適量
ローリエ ……………………………… 1枚

作り方

① 玉ねぎはみじん切りにして耐熱容器に入れてラップし、電子レンジ500Wで5分、ラップを外して200Wで5分かけて冷ましておく。途中で1～2度かき混ぜる。（P8参照）

② キャベツは芯をくりぬき、

↓

ラップでくるんで電子レンジ500Wで6分、天地を返して6分かけて、

そのまま冷水をはったボウルに取り、流水の力を利用してはがしていく。

↓

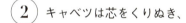

③ ボウルに冷蔵庫から出してすぐの冷たいひき肉と塩・胡椒を入れてよく練り（P9参照）、さらにケチャップを加えて混ぜ合わせる。

↓

④ さらに冷たいチキンブイヨン（白ワインに溶かし込んだもの）を少しずつ加えてしっかり混ぜたら、玉ねぎを合わせる。

↓

⑤ タネを８等分し、小さい葉でくるみ、その上から大きな葉でしっかり巻く。

ポイント キャベツの芯は、シンクの中に落とし込んでくりぬく。高い位置だと扱いにくく怪我のもと。
奥深くまで切り込むと火の通りも早く、ばらけやすい。包丁で最初の塊が取れたら、はさみの先でくりぬくと、比較的安全に奥まで掘り返せる。

↓

⑥ 鍋にロールキャベツを隙間なく並べ、ローリエの葉を入れ、拍子木に切った人参とセロリも加えて、ひたひたの水で火にかけ、沸騰したら弱火に落として２時間煮込んでいく。

キャベツが余っていたら、落し蓋のように上からかぶせておく。

⑦ 器に盛り、マスタードを添えていただく。

ポイント マスタードを使うと、ソーセージやベーコンとは違うさわやかなコクを加えることができる。

コロッケ　レシピはP50

マカロニサラダ　レシピはP55

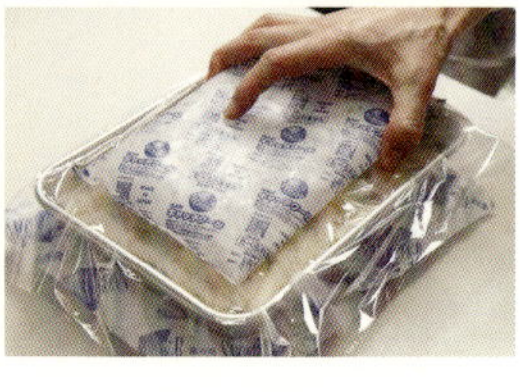

6 コロッケ

美味しいコロッケとは、ひと口かじったらぱあ～っと肉の香りが広がり、ほくほくしたじゃがいもの食感が楽しくて、衣がサクサクに揚がっていることではないでしょうか？

そんなコロッケを作るべくのレシピです。

お肉は油を絞り出すようにしっかりと炒めつけて油っぽさを除き、ローリエと白ワインで臭みを抜きます。じゃがいもは茹でてしっかり水気を飛ばし、ほくほくとした食感になるようにしましょう。そして、牛乳（もしあれば生クリーム）と卵黄でコクをプラスして種を作ります。

衣に使う卵液はしっかりと溶き混ぜるのがポイント。

そして最近発売されたクリスプ製法と書かれたパン粉がなかなかの優れものです。

このパン粉を使うとオーブントースターで温め直したときに揚げたてのサクサクした食感が蘇ります～。ぜひ使ってみてください。

コロッケ

ポイント

じゃがいもの水分をなるべく飛ばす。ひき肉の油分をできるだけ取り除き、ローリエや白ワインで香りをつける。牛乳＋卵黄（あるいはマヨネーズ）でコクを補う。衣に使う卵液はしっかり混ぜる。

材料（12個分）

じゃがいも ……………… 540ｇ（４個）
玉ねぎ ……………………………… １個
牛ひき肉 ………………………… 200 ｇ
塩・胡椒 ……………………………… 少々
白ワイン ………………………… 大さじ１
ローリエ ……………………………… １枚
牛乳大さじ２と卵黄１個分
小麦粉、溶き卵、パン粉、揚げ油
……………………………………… 各適量

作り方

① 玉ねぎはみじん切りにして耐熱容器に入れてラップし、電子レンジ500Ｗで５分、ラップを外して200Ｗで５分かけておく。途中で１～２度かき混ぜる。（Ｐ８参照）

② フライパンにひき肉とローリエの葉を入れて中火にかけ炒める。

↙

肉から油がにじみ出てくるまでしっかり炒めたら油をふき取り、

↓

白ワインをかけて香りをつけてから水気を飛ばし、塩・胡椒する。ここに玉ねぎを加えて合わせておく。ローリエは取りのぞく。

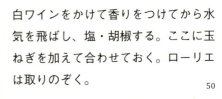

③ じゃがいもは皮をむいて乱切りにし、水から茹でて一旦しっかり水を切ったら、

↓

再び火にかけて水気を飛ばし、粉ふきいもにしてからつぶす。

④ すべてを混ぜ合わせて塩・胡椒し、粗熱を取る。さらに牛乳と卵黄を混ぜ合わせたらしっかり冷ましてタネを落ち着かせる。

↓

↓

⑤ 俵形に成形し、空気を抜くように握って小麦粉、しっかり溶いた卵液、パン粉（クリスプタイプ推奨）の順につけて、175～180度程度の油で揚げる。

7 マカロニサラダ

　料理教室でマカロニサラダを教えてほしいと言われたときは、びっくりしました。私自身はあまり作らない、買わない（要するに食べない）料理だったこともあり、茹でたマカロニとマヨネーズを合わせることのどこに教えるほどのポイントがあるかなあ〜〜？　という感じでした。

　でも「時間がたつとマカロニがぼそぼそになるんです」というその方の悩みは受け止めました。

　そしてその観点からいろいろなレシピを調べだしましたら、ビビッと来るポイントが……。それが、マカロニを表示時間の倍茹でておく、というもの。

　やってみましたら確かに次の日になってもぼそぼそとせず、しっとりと美味しいマカロニが楽しめます。そして驚くことに、マカロニはたいしてグダグダにならないのです。

　当初2倍の時間も茹でたら溶けちゃう？くらいに感じたので意外でした。

　そして、茹でたてにオリーブ油を絡めることでマカロニの水分も逃さない、後で合わせるものの余分な水分や油分は入れない。

　それから急冷します。ただし、氷水に漬けるわけにはいかないので、氷や保冷剤、金属のトレーなどを用いて冷まします。茹ですぎたように思うマカロニがキュッとしまって食感が蘇《よみがえ》ります。

では、急冷させずに室温放置で冷ましたものとどれくらい違うかと言うと、実はデュラムセモリナ粉100%のマカロニはたいして違いはありません。ですから粗熱が取れて、マヨネーズが分離しない温度まで下げるだけでも大丈夫です。

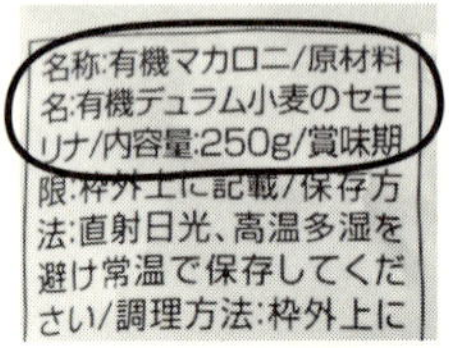
名称:有機マカロニ/原材料名:有機デュラム小麦のセモリナ/内容量:250g/賞味期限:枠外上に記載/保存方法:直射日光、高温多湿を避け常温で保存してください/調理方法:枠外上に

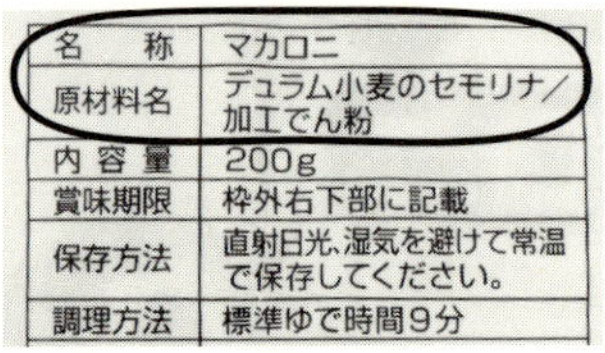

名称	マカロニ
原材料名	デュラム小麦のセモリナ/加工でん粉
内容量	200g
賞味期限	枠外右下部に記載
保存方法	直射日光、湿気を避けて常温で保存してください。
調理方法	標準ゆで時間9分

加工でんぷんが入ったものは違いが出ます。急冷させておかないとぐにゃっとしています。

そして、デュラムセモリナ粉100%でも、いわゆる早茹でマカロニはぐにゅぐにゅになりますので、この作り方には向きません。

それから、マカロニサラダといえばハムやソーセージを合わせるのが一般的ですが、非常に添加物が多い食品の代表ともいえるので、私自身はあまり使いたくありません。

ですので、合わせるものは野菜だけにして、コクはマスタードを加えることで補います。

もちろん、気にならない方は加えてください。

マカロニサラダ

ポイント マカロニを表示の倍の時間茹でる。オリーブ油をまぶして急冷。

材料（4人分）

マカロニ …………………………… 100g
（デュラムセモリナ粉100%で早茹でタイプでないものがおすすめ）
オリーブ油 ……………………… 小さじ2
塩 ………………………………………… 5g
きゅうり 薄切り …………… 大1本分
玉ねぎ 薄切り ……………… 1/4個分
人参 千切り ……… 30g（1/6本分）
レタス …………………………………… 2枚

マヨネーズ ………………………… 80g
牛乳 …………… 10mℓ〜好みでのばす
マスタード …………………… 小さじ2
塩・胡椒 ………………………………… 少々

作り方

① 1リットルのお湯に塩5g（味がぼやけない）とオリーブ油小さじ1（くっつかない）を入れ、マカロニを表示時間の2倍の時間茹でる。

ポイント しっかり茹でることで、マカロニ自体に水分を蓄え、時間が経ってもプリプリの食感が保て、ボソボソになるのを防ぐ。

② この間に、人参は千切り、きゅうりは小口薄切りにして塩を少々あてて水気を絞っておく。玉ねぎは薄切りにして水に放ち、しっかり水気を切っておく。レタスも洗って水気をしっかり切り、小さくちぎっておく。

③ 茹で上がったマカロニは、しっかり水気を切り、すぐにオリーブ油小さじ１を混ぜ込み、

↓

↓

氷をあてて急冷する。

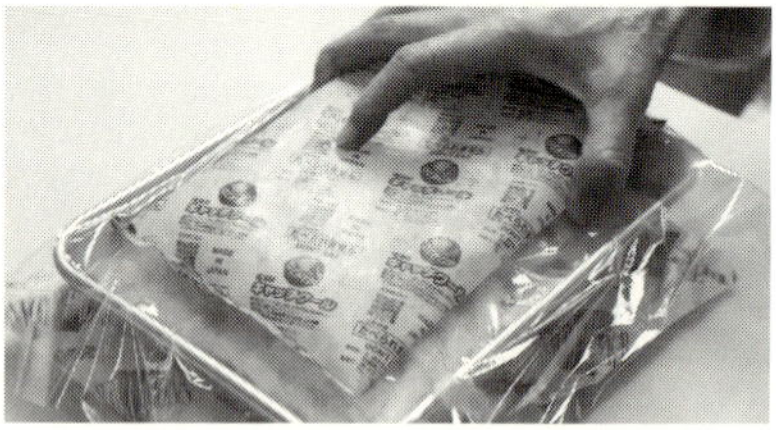

ポイント 油でコーティングすることで乾燥を防ぎ、マヨネーズの余分な水分や油分の吸い込みを抑え、しっとりした状態をキープする。

ポイント 加工でんぷん入りのマカロニは特にしっかり急冷させると歯ごたえがよくなる。

④ マヨネーズに牛乳とマスタードを加えてのばしたら、最初にマカロニのみと和える。

この後、玉ねぎ、人参、きゅうりを合わせて塩・胡椒で味を調え、レタスを混ぜ込む。

ポイント マヨネーズがぼたっと重たい感触なら、牛乳を足して滑らかになるまで混ぜる。

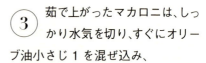

8 豚の生姜焼きとサバの味噌煮のはなし

どんな社員食堂にも学生食堂にも町の定食屋さんにも、絶対！　必ず！　あるのが豚の生姜焼きとサバの味噌煮ですよね。そういう意味では国民食と言っても過言ではないかもしれません。この本の作成にあたっても、編集者さんの「定番といったら生姜焼きでしょう」との一言で加えることが決まった料理です。

この豚肉の生姜焼き、レシピを作るのに結構悩む一品です。というのは生姜の絞り汁には肉を柔らかくする効果があって、豚肉に擦りこんでおくとお肉が柔らかくなります。一方で小麦粉をお肉にはたきつけてやると、焼いたときに水分の蒸発を防ぎ、肉汁や旨味を閉じ込めてくれます。結果ふっくらと美味しく焼けるのです。

ですが、おろし生姜の入った調味液に漬けてから小麦粉をはたきつけると、生姜がだまになって肉にあちこちへばりつき、焼くとそこがはがれたりするし、だからといってしぼり汁だけでは料理としての生姜の風味が弱くなる……みたいな……。

ですから、おろし生姜の入った調味液を肉に揉みこむレシピの多くはそのまま焼いています。で、小麦粉をはたきつけるレシピは後からおろし生姜の入ったたれを加えているのが多い。中には生姜のしぼり汁と醤油と酒をまず揉みこんで、そこに粉をはたいて焼き、さらにおろし生姜とみりんと醤油の調味液を注ぐレシピもあります。

私も手間や美味しさなどいろいろ考えて悩みましたが、粉をはたいて焼いたお肉のトロッとツルンとした食感が好きなので、肉の柔らかさは粉の効果に一任して、後からおろし生姜の入ったたれを加えるという作り方に落ち着きました。

そして、これだけですとあまりにどこにでもあるものなので、相性の良いトマトソースを合わせることで少し変化をつけています。

生姜はチューブを使わず、ぜひすりおろして使ってくださいね。そこが極上ポイントです。

時間がないときや、すりおろす道具を持っていない方は別として、チューブの生姜をちょっと食べてみてください。生姜以外のいろいろなものが入っているので、すりおろした生姜とはちょっと別物のお味がします。

一方のサバの味噌煮。

私は小学生のころから福知千代さんという料理家に心酔しております。

その頃、母のとっていた『ミセス』という雑誌に和食の料理ページを連載されていた方です。この方は相国寺で禅宗料理を修行なさったあと、京都で「雲月」という料理屋を始めた方ですが、私とはいささか年代がずれておられる方で、もちろんお会いしたこともなく、この方の生前に雲月に伺ったこともなく、お書きになった古い料理の本だけを師匠にしております。

その中で紹介されているサバの味噌煮が私はとても美味しくて、ずっとこの味噌煮を作っています。
　まず他で見かけることのないレシピ。みょうがを刻んでたっぷり入れるのです。

　なぜみょうがをこのように使うことにされたのか、そのいわれを伺うすべは今となってはないのですが、とにかくみょうがというのは生姜の親類です。きっと香りがサバの生臭みを消し、またみじん切りで入ることでたれをサバに絡みやすくしているのだと思います。
　教室でこれを習って自宅で作られた方のご主人が、「今まで数知れずいろいろなサバの味噌煮を食べてきたけれど、これが一番美味しい」とおっしゃったとか。

以上、「絶対定番」な料理2種のご紹介です。

豚肉の生姜焼き

ポイント 豚肉に小麦粉をはたくことで肉汁を閉じ込めふっくらと。生姜はチューブを使わず自分ですりおろす。

材料（2人分）

豚肉　生姜焼き用 …………………… 4枚
生姜すりおろし ……………… 大さじ1
トマト水煮缶 ……… 200g（1/2缶）
醤油 ……………………………… 大さじ2
みりん …………………………… 大さじ3
塩、小麦粉 ………………………… 各少々
大葉　千切り ……………………… 4枚分
ご飯 ………………………………………… 適量
オリーブ油 ……………………… 小さじ2

作り方

① トマト缶は鍋にあけてトマトをつぶしながら水っぽさがなくなるまで弱火で煮詰め、軽く塩・胡椒（分量外）して、トマトソースとする。

② 豚肉にごく軽く塩をしたら、小麦粉を軽くまぶす。

③ フライパンにオリーブ油を入れて中火にかけ、②の肉の両面を焼き色がつくまで焼き、醤油とみりんと生姜すりおろしを加えて軽く煮詰める。

④ 器にトマトソースの半量を置いてその上に豚の生姜焼きを2枚のせる。大葉の千切りを天盛る。2組作る。プチトマトとキャベツの千切りを添える。

サバの味噌煮

ポイント みょうがを刻んで入れることでしっかりたれを絡ませる。

材料（２切分）

サバ……２切れ
酒……70㎖
みりん……大さじ１
生姜すりおろし……小さじ２
味噌……大さじ２
水……100㎖
（鍋によって魚の７割程度までつかるように加減する）
みょうが みじん切り……１個分

作り方

① 鍋にサバと水と調味料をすべて入れて、強火にかけ沸騰したら中火に落とし、落し蓋をして20分煮る。

② ①にみょうがを加え混ぜて、火を止める。

9 マグロの漬け丼

日本人ほどマグロラブな国民っているのでしょうか？　最近は台湾や中国でも人気に火が付き、取り合い状態とも聞きますが、とにかく日本では縄文時代に既に食べられていたというのですから驚きです。

もっとも、もう少し本格的に広まったのは江戸時代とのこと。さらに冷蔵・冷凍技術がなかった時代ですから最初は輸送に時間のかかる江戸城下などの都市部にはなかったそうです。

それを可能にした知恵が醤油漬けで運ぶという……そうです「マグロの漬《づ》け」という方法だったそう。そのため、醤油が染み込みにくいトロの部分はアラであって、赤身が最も珍重されたというのですから面白いですね。

マグロはステーキのように焼いてもいいし、竜田揚げにしてもよし。山かけにしたり角煮にしてもよいし、そうそうツナってマグロのことなんですから、ホントにいろいろと楽しめる魚です。

しかし、刺身や寿司種以外にマグロと言えばやはり漬け丼？　そしてやっぱりマグロの漬けは赤身に限るかな？

ところで「漬け」を作るときにお味が染み込みすぎて辛《から》くなってしまったことってありませんか？

そういうことを防ぎ、上品にまとめるために、湯引きするという方法があります。

マグロの柵ごと熱湯にあてて表面に膜を作るわけです。お鍋にたっぷりと湯を沸かし、その中に4~5秒つけてもいいですし、熱湯を回しかけてもかまいません。そのときは、布巾かクッキングペーパーで包んでおいてかけてやると全体に程よく回ります。

たれは少しかつおの風味を効かせて濃厚に。ご飯は酢飯にしてあっさりと、同時に濃厚なたれのからんだ「漬け」を引き立てたいと思います。

この酢飯の加減もいろいろですが、私なりにマグロに合わせた加減にしました。少しパンチを控えた酢飯となっています。

マグロの漬け丼

ポイント

マグロを湯引きすることで臭みをとり、また表面をコーティングすることでたれが染み込みすぎることを防ぐ。
たれが程よくからんだマグロに合わせて、あっさりとした酢飯を使うことでさらに大人美味しく。

材料（1柵分）

マグロ……1柵
ご飯……2膳分
刻み海苔……適量
わさび……適量
大葉など

漬けだれ

醤油……大さじ3
みりん……大さじ1/2
酒……小さじ1
かつお節……1g

調味料をすべて鍋に入れ、沸騰直前で火を止め、冷ましておく。

寿司飯

お米には1合に対して酒大さじ1と昆布を5センチ角くらい入れて炊くとよい。
1合分のご飯に対するすし酢：米酢 25mℓ、砂糖 小さじ2、塩 小さじ1/2弱

作り方

①マグロの柵をクッキングペーパーでくるみ、まな板などに置いて熱湯をかける。

↓

裏返してもう一度熱湯をかけ、すぐに氷水に取る。

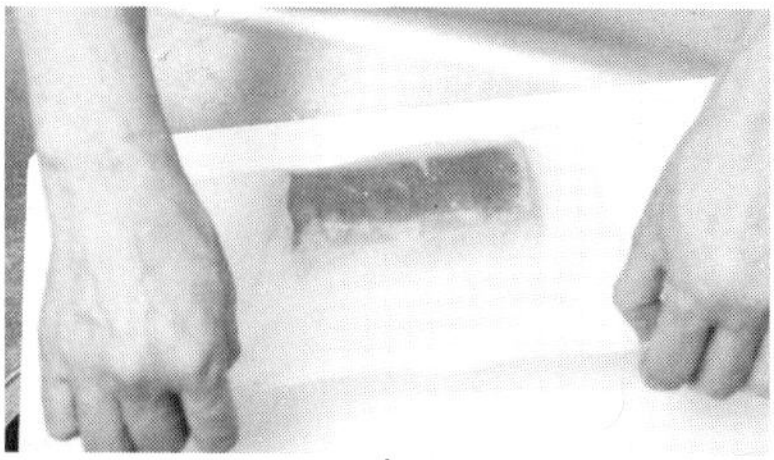

↓

↓

②氷水から引き上げたらよく水気を拭き、バットに入れて、クッキングペーパーをかぶせる。その上から漬けだれをかけ、20～60分置く。

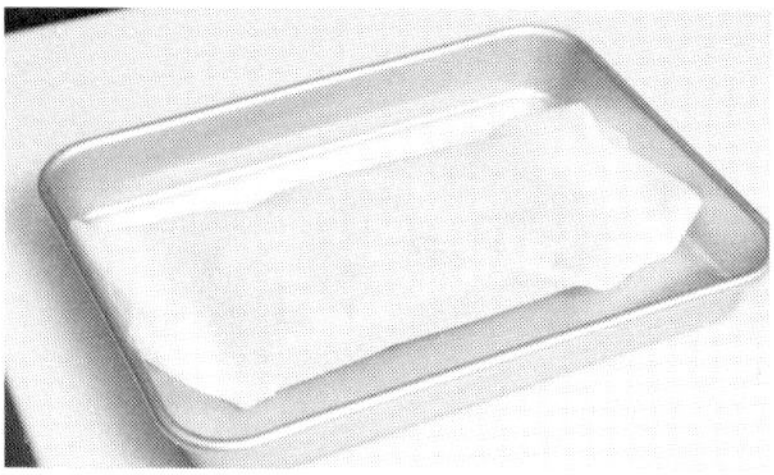

↓

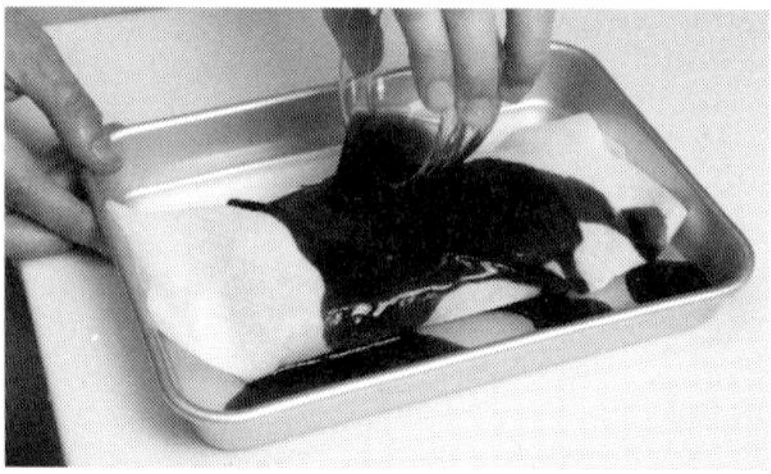

↓

③器に寿司飯をよそって、そぎ切りにしたマグロを並べ、薬味を天盛る。好みで寿司飯やマグロの上にたれを少々かける。

10 豚汁のはなし

私は今は原宿駅近くに暮らしていますが、以前は世田谷の駒沢に10年近く住んでおりました。駒沢オリンピック公園のすぐ近くのそのあたりは、畑も散見されるのんびりとした住宅街です。

自宅の近くに八百屋さんがあり、豚汁用にとお願いするとおばさんが材料を切って売ってくれました。里芋、ごぼう、長ねぎ、人参、大根、しめじ、揚げ、こんにゃく、豆腐、ちくわ。刻んで水に浮かせた状態でビニール袋に入れて渡してくれるので、そのまま水気を切って鍋に入れればよいのです。と〜〜〜っても重宝で、しょっちゅう豚汁をしていたように思います。

料理教室にいらした方も始まる前にそこでお願いしておき、持って帰る方も多かったのでした。

豚汁は根菜類がたくさんいただけて、豚肉や豆腐などたんぱく質も豊富で、この一品で栄養的には食事が成立してるという安心感が凄いです。

どのご家庭にもきっとそれぞれの好みの食材の組み合わせがあり、お味噌と醤油の加減がある。そんな家庭料理の代表のような一品ですよね。

材料の他に私はいつもだし昆布を入れていました。ご家庭によっては昆布やカツオ、煮干しなど、品目は変わってもやはりだしの出るものを入れるという方が多いように思います。

ところがある日、何気なく見ていたテレビ番組で、豚汁のあれこれを解説し、作り方の紹介をしているのを見て、びっくりいたしました。

人間の舌の旨味を感じる機能は、感受する範囲を超える旨味を苦みとして感じるようになっており、昆布以上のグルタミン酸を含む味噌とイノシン酸たっぷりの豚肉とさらには野菜のだしが加わる豚汁には昆布やカツオを加えてだしを取る必要はない。ないどころか、むしろ加えないほうが美味しいのだと解説していました。要するに「過ぎたるは及ばざるがごとし」ってことですよね。

そこで早速、作ってみました。量の加減や作り方は少々アレンジ。でも極意の部分はぶれないように。そうしましたら……美味しい！　……というのか、いつも作っている豚汁が「それぞれの家庭の味」とするならば、それは「料亭の味」とでもいうのでしょうか？

薄味で（味噌と醤油はさらに減らしたので当然ですが）、それでいて強烈に素材の旨味が出ていて、「別物」感いっぱいの豚汁になりました。なるべく手間を省く工夫をした作り方をお届けします。

豚汁

ポイント

豚肉は脂が気になるので三枚肉ではなく豚小間肉を。

だしと香りという点でごぼうは欠かせません。こんにゃくはちぎっておいたほうが味が染み込みやすい。材料は大きさ、厚さ、形などが揃っているほうが食べやすく美味しく感じる。同じ人参でも細いところは輪切りに、太いところはさらに２つ割り、４つ割りに切るとよい。味噌や醤油の量を少なくし、素材のもつ旨味を引き立てるようにする。

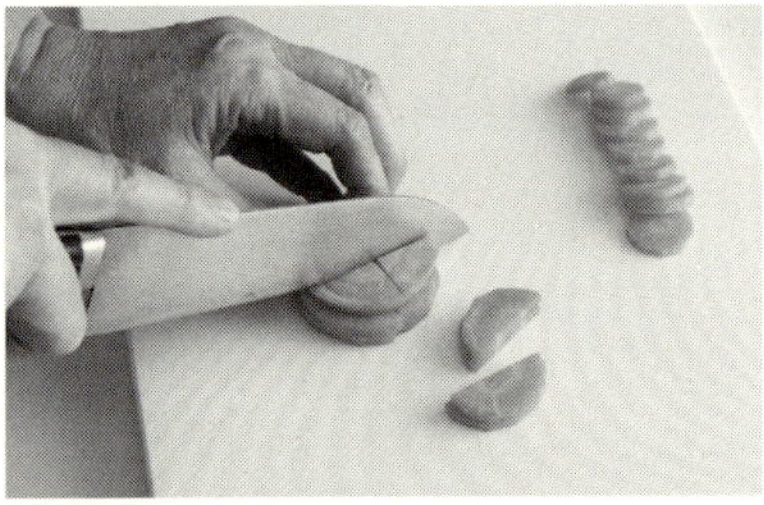

材料（4人分）

里芋（皮をむいて2～３ミリ厚さに切ったもの）…… 200g
大根（２～３ミリ厚さのイチョウ切り）…… 200g
人参（２～３ミリ厚さの半月切り）…… 100g
こんにゃく（小さめにちぎったもの）…… 140g
ごぼう（２～３ミリ厚さの小口切り）…… 100g
豚小間肉（２～３センチに切る）…… 200g
ねぎ（１センチ幅の小口切り）…… １本
味噌 …… 60g（大さじ３～４）
醤油 …… 小さじ１
水 …… 1000㎖

作り方

① 鍋にたっぷり湯を沸かし、ねぎ以外の野菜類を入れて再沸騰したら豚肉をのせておいたざるに一旦上げる。

ポイント 熱湯をかけておくとお肉の臭みがずいぶん取れる。
その後野菜と一緒に煮込むときにも、アクは出てくるのですが、仕上がりが違います。

② 肉を含めて材料をすべて鍋に戻し、水を入れ火にかける。しっかり煮えたら味噌と醤油を入れ煮立つ前に火を止める。ねぎを加える。

ポイント 味付けは最低限に。素材の旨味を楽しめる味加減と塩分を少なくすることをなるべく両立しようとしています。醤油は香りとコクをつける程度の量で。

ポイント 最後に火を止めてから小口切りのねぎを加えてください。加える前には少し物足りない気がする味を、このねぎの香りが大変引き立てます。

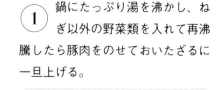

11 筑前煮のはなし

私の母はそれなりに料理をする人でしたが、一緒に暮らしていた父方の祖母はお料理があまり得意ではありませんでした。

父は長男でしたから、母と結婚してすぐから祖父母と同居していたそうです。当時はそれがごくごく当たり前で、さらには結婚後しばらくの間、父のお給料は祖母が管理していたといいますから驚きです！

で、数年して私の姉が生まれることとなり、所帯としてお金も独立し、住まいも2世帯に改造してそれぞれに台所をつくるということになったそうです。

で、実際に完全独立型に家は改造されたのですが、私が物心ついたころには食事は一緒にとっていて、祖父母のゾーンにある台所は全く機能していませんでした。

少し大きくなって、そのわけを母に尋ねましたら、なんと祖父が「おばあさんが作る食事は嫌だ」と申しまして、母の食事を食べにくることになったのだそうです。

私が5年生のときだったと思います。父が多忙を極め、一人でいろいろと頑張っていた母がすっかり体調を崩した時期がありました。家にいてはゆっくりできない母は一か月ほど実家に帰って静養することになりました。

そしてその間私達は、祖父が拒否したという祖母の食事をいただくことになりました。

祖母は祖母なりに一生懸命作ってくれたのでとても感謝していましたが、でも……まあ、祖父の気持ちがよく分かるようになったとも言えます（笑）。

　そんな中であるとき、滅茶苦茶美味しいおかずが登場したのです。それが今考えると筑前煮でした。それがホントに美味しかったので、皆で「またあれを作って！」と言うのですが、そして祖母もそれを作ろうとしてくれるのですが……。なぜか二度とその美味しさには遭遇できませんでした……。きっと大いなる偶然のなせる業だったのですねえ。

　そんなわけで、筑前煮は私にはとても懐かしい、印象深い料理なんです。

筑前煮

ポイント 野菜や鶏肉から十分にだしがでるので、その他のだしの「素」は加えず、その代わりに酒をたっぷりと使って作ります。材料の大きさもなるべく揃えて切ると食感がよくなります。

材料（4人分）

れんこん……100g
ごぼう……100g
こんにゃく……160g
人参……80g
鶏もも肉……200g
サラダ油……小さじ1
塩……少々
酒……280㎖
みりん……120㎖
醤油……小さじ4
針生姜……適量

作り方

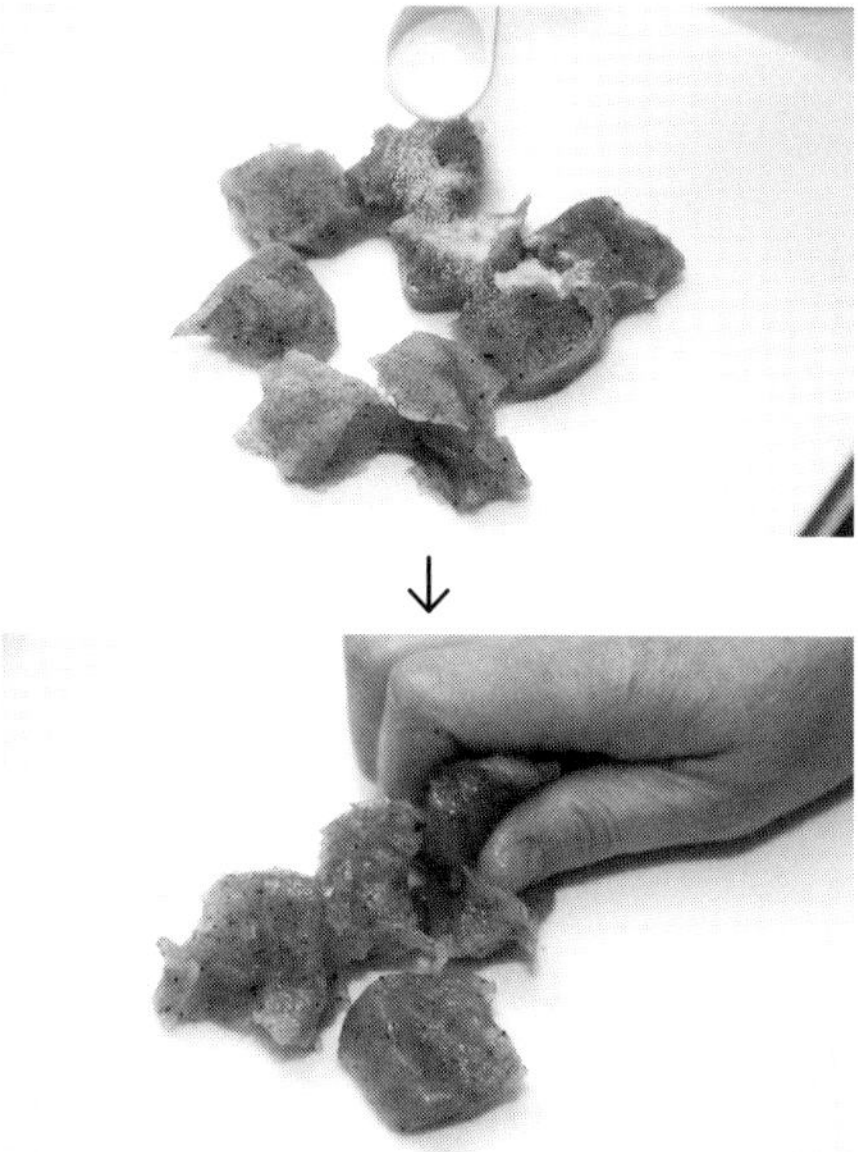

①れんこんと人参は皮をむいて乱切りにして、れんこんは水に放つ。ごぼうは洗って乱切りにする。こんにゃくはひと口大に手でちぎり塩で揉んで洗う。すべて一緒にさっと下茹でする。

ポイント 鶏肉は炒めるときに塩を少々振ることで旨味の存在感が増す。こんにゃくは塩で揉むことで臭みがとれる。

② 鍋にサラダ油を入れて火にかけ、ひと口大に切った鶏肉に軽く塩をしながら炒める。

鶏肉の周囲の色が変わってきたら、野菜とこんにゃくを全部を加えて、さらにごく軽く塩をして炒め、酒とみりんをひたひたに加え、落し蓋をして中火で12～13分煮る。

③ 鶏肉と野菜が煮えてきたら、醤油を吸い加減に入れて、更に7～8分煮て、煮汁を煮詰める。器にとって針生姜を飾る。好みで絹さやの塩茹でを散らす。

ポイント あまり煮汁が多かったら一度具材を引き上げ、煮汁だけを煮詰める。とろとろしてきたら具材を戻して転がす。

12 親子丼のはなし

　料理の最高と最低ということについて、「吉兆」の湯木貞一さんが『吉兆味ばなし』という本の中で、親子丼を例にとって書かれているのでご紹介します。

――親子丼の最高といったら、新しい玉子で、かしわ（鶏肉のこと：著者注）もものところのよい身を使って、ご飯もお米を吟味して、炊き方もよしというものでしょう。ぱらっとしていて、しかもやわらかく炊いたご飯、となるとお米もよくないといけません。

　その意味で親子丼はかしわ屋さんのものでした。かしわ屋さんの作る親子丼は、かしわと玉子だけで、他のものは絶対に入れないのです。

ねぎが入れば、最高からちょっと下ってしまいます。椎茸が入れば、また下ります。かまぼこを刻んでまぜて、木の葉丼と親子丼をいっしょくたにしたようなものをこしらえますが、あれは最低です。

ただし、秋だけは松茸の入ったのが最高です。しかし秋に松茸を入れるとおいしいからといって、ほかの季節に生椎茸というのでは、ちょっと面白くないのです。――

　そして、生椎茸や三つ葉やねぎを入れたりしたのでは最高にはならず、やはり鶏肉で食べるものだ……と続き、作り方のウンチクが続き、ご飯は絶対に炊きたてでなくてはならず、一人分ずつ小さなフライパンで作らなくてはならぬと続きます。

――それと数が多いからといって、大きななべで一度に煮いて、あとで数にとりわけるのでは、だめです。いくら数が多くても、一つずつ煮く、それこそ最高の親子丼です。

――

松茸の入った親子丼!! さすが吉兆! と最初にそこに反応してしまった私ですが(笑)、ここに書かれていることは、実によく「最高の料理」というものを言い表していらっしゃるなと思う次第です。

つまるところ料理は素材であり、その素材の持つ旨味や歯ごたえといったポテンシャル(潜在する力)をいかに引き出すかという調理法の工夫、あるいは科学。足し算と引き算のバランス。そういったところに尽きるのではないかと思います。

長く料理を続けてきて、最近ようやく実感として湯木貞一氏のおっしゃっていることがわかるようになってきました。料理の含蓄や腕前はもちろん遠く及ばずとも――。

全工程の流れを
動画で
チェック！

親子丼

ポイント　鶏肉の丁寧な下処理。加熱時間の工夫。卵の溶き入れ方。

材料（1人分）

卵 ……… L玉全卵2個と卵黄1個分
鶏肉もも肉 …………………………… 50ｇ
ご飯 ……………………………………… 1膳分

割り下
醤油 ………………………………………… 15㎖
昆布だし ………………………… 30～40㎖
みりん …………………………………… 30㎖

作り方

① 卵は冷蔵庫から出して常温に戻しておく。200㎖の水に対して5センチ角程度の昆布を煮出して（電子レンジで沸騰してくるまでかけてもよい）昆布だしを作ってさましておく。

② 鶏肉は皮をはがし、余分な脂肪や筋を取って（P９参照）、２センチ角に切っておく。

③ 割り下の材料を合わせる。別に溶きほぐした全卵2個を計量カップなど注ぎ口のあるものに入れておく（もしくは全卵１個と卵白１個分を使い、残った卵黄を⑤で使ってもよい）。

④ 小さめのフライパンに割り下と鶏肉を入れて中火で煮立て、鶏肉が丸みを帯びる程度で火を止め、一旦ボウルに移し１～２分置く。

↓

⑤ フライパンに④の割り下だけを戻して中火にかけ、煮立ったら鶏肉も加える。

↓

↓

再度沸騰したら、③の溶き卵を「の」の字を書くように８割方流し入れ、弱火と中火の間くらいの火加減で一切触らず煮る。

↓

その間に器にご飯を平らに盛り付けておく。

ポイント 汁が均等にご飯に染み込むよう、盛り付ける器はすり鉢状ではなく、なるべく底が平らな丼や重箱にすると良い。

6 溶き卵の表面に煮汁が浮いて来たら残りの溶き卵を周りに流し入れる。ややおいて火を止める。

↓

フライパンから器のご飯の上に平行に滑らせるように卵を移す。

↓

7 ⑥の中心にさらに卵黄を乗せたらお皿などで蓋をして1～2分蒸らす。

↓

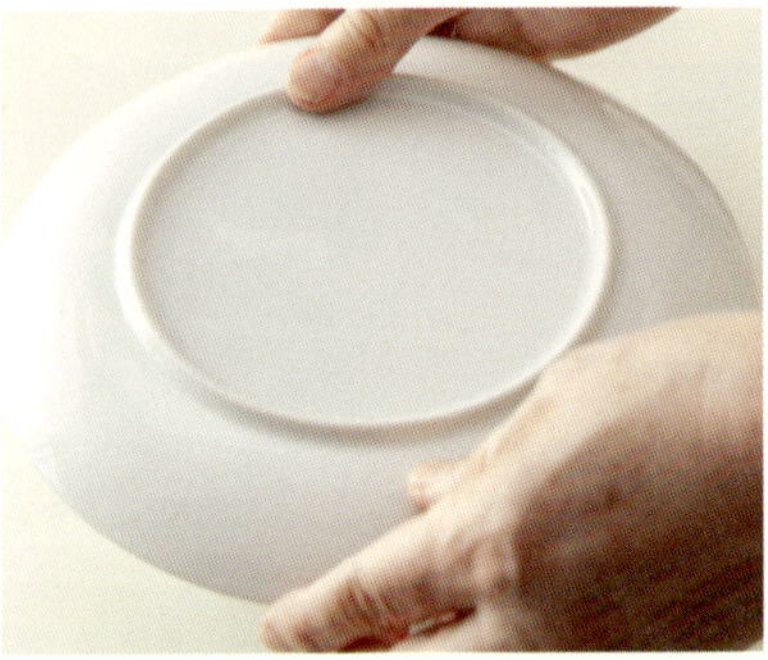

いただくときに卵黄を崩す。
ごまや三つ葉、柴漬けなどの薬味を添えてもよい。

豚肉の生姜焼き レシピはP60

サバの味噌煮 レシピはP62

マグロの漬け丼 レシピはP65

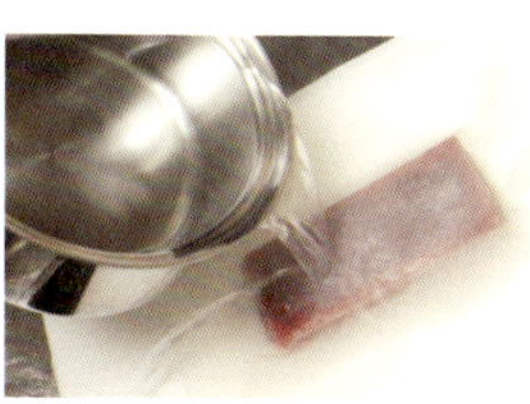

豚汁　レシピはP70

筑前煮　レシピはP75

第2章

集まるときに便利！
中華な宴

酢豚 レシピはP99

豚ひき肉だんごの黒酢あんかけ　レシピはP104

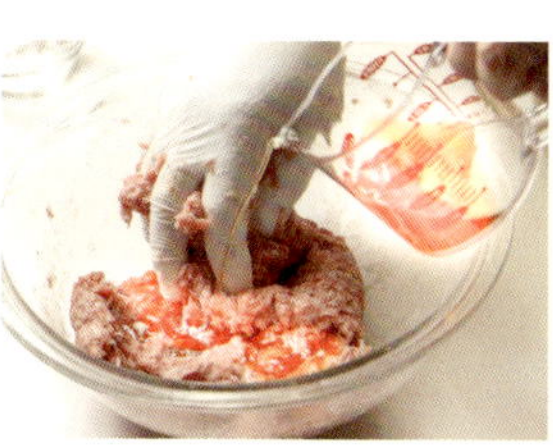

麻婆豆腐 レシピはP110

棒棒鶏 レシピはP118

餃子 レシピはP124

海老のチリソース レシピはP112

油淋鶏 レシピはP116

13 青椒肉絲（チンジャオロースー）

ポイント
調味料を合わせておく。
油通し、湯通しの油気、水気はしっかりしっかり切る。

材料（3～4人分）

牛肉 …… 150g
ピーマン …… 150g（緑5個　赤1個）
茹でたけのこ …… 120g
揚げ油 …… 適量
ねぎ油 …… 小さじ1
長ねぎ10センチ分と生姜の薄切り4～5枚（10g）
長ねぎは2センチ長さの小口切りにしたものを縦に4等分に切る。
その大きさに生姜も合わせて切る

肉の下味
塩・胡椒 各少々、紹興酒 大さじ1、溶き卵 大さじ2、片栗粉 大さじ1

調味液
紹興酒、スープ 各大さじ1、醤油・牡蠣油（オイスターソース）各大さじ1弱、砂糖 小さじ1、胡椒 少々、片栗粉 小さじ1

作り方

① 肉、たけのことピーマンは細切りにする。
調味液は合わせておく。

② ボウルに牛肉を入れて下味を材料表表記の順（写真では上から）に加えながら、その都度よく揉みこむ。

③ 揚げ油を160～170度に熱してたけのこを入れ、すぐ続いて肉をほぐしながら揚げ、7割方の火の通り加減でピーマンを一気に入れてすぐに油からボウルで受けたざるにあげる。ざるをコンコンとボウルに叩きつけながら、しっかり油を切る。

ポイント 沸騰湯にサラダ油大さじ1～2加え、湯通ししてもよいが、ざるで水切りしたら、さらにキッチンペーパーの上でしっかりしっかり水気を切らないと味がぼやける。ですから油通しがおすすめです。

④ フライパンにねぎ油小さじ1とねぎと生姜を入れて中火にかけ、香りが立ったら③を戻し入れ、合わせておいた調味液を鍋肌から流し入れて炒め合わせる。

14

回鍋肉（ホイコーロー）

ポイント 豚肉は塊を茹でてからそぎ切りにして使う。
調理中は油分を抑える工夫をし、仕上げにごま油やラー油などの香油を効果的に使う。

材料（4～5人分）

- キャベツ …… 4枚
- 豚肩ロース塊 …… 400g
- 赤・青ピーマン …… 各2個
- 長ねぎ …… 1本
- ニンニク みじん切り …… 1片分
- 豆《トウ》鼓《チ》 みじん切り …… 20粒分
- 花椒《ホアジョー》 みじん切り …… 10～20粒分
- 醤油 …… 小さじ2
- 甜麺醤《テンメンジャン》 …… 大さじ2
- 紹興酒 …… 大さじ2
- 豆板醤《トウバンジャン》 …… 小さじ1
- ねぎ油 …… 小さじ2
- みりん …… 小さじ2

作り方

①水1リットルに塩小さじ1とローリエの葉（分量外）を入れたものを火にかけ、

↓

沸騰したら豚肉を入れて2～3分茹でる。

ポイント 肉の表面は雑菌がつきやすいので沸騰湯で殺菌する。

② 大きな耐熱ボウルに豚肉を取り出し、煮汁をクッキングペーパーで濾しながらその上に注ぐ。軽くラップをして電子レンジに200W（解凍キー）で、30分かける。

↓

串を刺してみて透明な肉汁が出てくるようならよく、ピンク色の肉汁が出てくる場合はそのまま10分置いて余熱を入れる。

ポイント 電子レンジの200W（解凍キー）で低温加熱を。茹で汁がぼこぼこと沸騰しない程度に茹でることができます。

③ この間に調味料はすべて計量して置いておく。

④ キャベツは洗って水気を切ったら4～5センチ角程度に手でちぎって軽くつぶす。

↓

ピーマンは乱切り、長ねぎは5ミリ幅程度の斜め小口切りにしておく。耐熱容器にキャベツとピーマンを入れてラップをし、電子レンジ500Wに3～4分かけておく。

ポイント キャベツは軽くつぶすことで炒めやすく、味ものりやすくなる。

⑤ ②の豚肉を茹で汁から取り出して粗熱を取り、1センチ弱の厚さに切る。
フライパンにねぎ油を熱し、肉を炒めつけて一旦取り出す。

⑥ 同じフライパンで弱火で豆板醤とニンニクを炒め、続いてねぎを炒め、紹興酒、甜麺醤、醤油を加える。中火で煮立てて肉を戻し、よくからめたら④の野菜を戻して炒め合わせ、豆鼓と花椒を加えてみりんを回し入れる。器に盛り、あればラー油やごま油を少し回しかける。

日本では薄切り肉で作る回鍋肉ですが、本場では茹でた豚塊肉を厚切りにして使います。低温調理を電子レンジで簡単に実現しながら、しっとりとしたゆで豚をまずは作りましょう。ゆで豚のまま召し上がっても十分な美味しさです。

それから本来油通しをしておく野菜類は電子レンジでさっと固めに加熱しておくことで、面倒さを省くと同時に油分を控えています。

調味料は少々入手にハードルの高い豆鼓と花椒を使っています。

豆鼓醤のほうが見かけることが多いですから豆鼓醤を使っていただいてもよいのですが、あれば豆鼓を買った方が冷凍できて長持ちです。

15 酢豚

とんかつ用の豚肉を切って使うのではなくて、小間切れ肉をちぎってぎゅっと固めて一口サイズにしたものを使うことで、柔らかく、火の通りやすい形にした酢豚です。

ここでは、香醋《こうず》（中国黒酢）を使ってみました。

日本の黒酢とはお味が全然違うものになりますが、もちろん日本の黒酢で代用されても大丈夫です。中国黒酢はこれだけで餃子のたれにもなり、鶏の煮込み、スープにひとたらしなどなどさまざまなところで使えますから、買ってみたらどんどん使ってください。

黒酢でないレシピも載せておきましたので、いずれでもお試しください。


いただく直前に回しかけるごま油も効果絶大です。

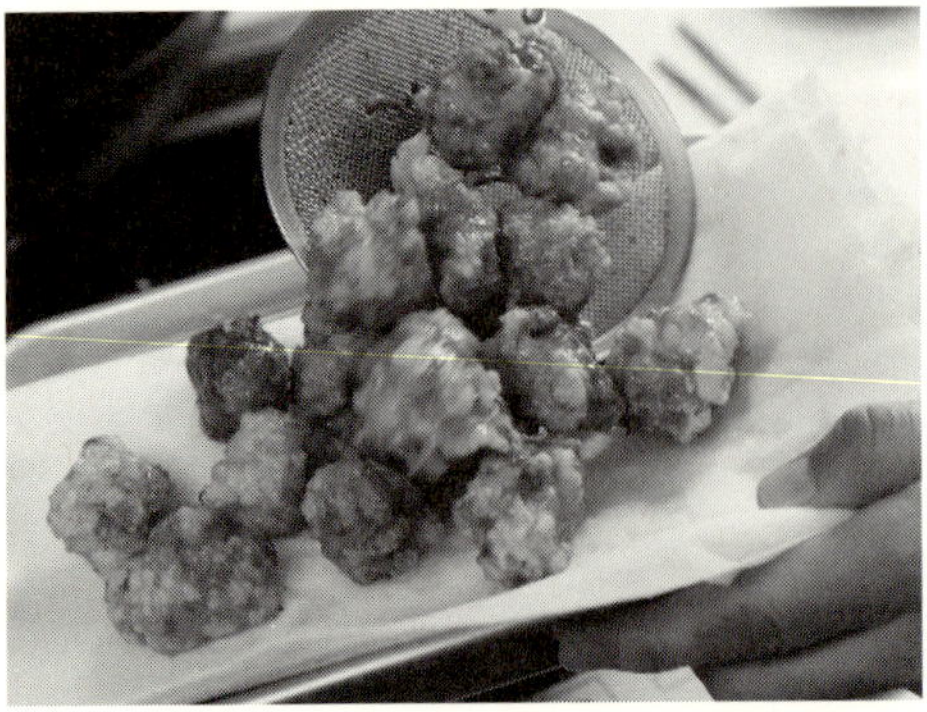

酢豚

ポイント

豚小間肉を固めて使うことで柔らかく。
お肉は二度揚げする。
野菜類は油通しの代わりに電子レンジ加熱で油を軽減。
甘酢あんは煮立てて大きくかき混ぜ、酸っぱさを飛ばす。

材料（4～5人分）

豚小間肉 ……………………………… 250g
ピーマン ………………………………… 2個
赤ピーマン……………………………… 2個
玉ねぎ ……………………………… 2/3個
パイナップル …………………… 好みで

下味用調味料

塩・胡椒 ………………………………… 少々
紹興酒 ………………………………大さじ1

肉の衣

溶き卵 ……………………………… 1個分
片栗粉 ……………………………… 大さじ2
薄力粉 ……………………………… 大さじ2
水 …………………………………… 大さじ1

甘酢あん1

砂糖 …………………………………… 大さじ6
トマトケチャップ ………… 大さじ1
（マーマレードでも良い）
中国黒酢（香醋）……………… 大さじ5
紹興酒 ……………………………… 大さじ2
醤油 ………………………………… 大さじ1
水溶き片栗粉
… 片栗粉 大さじ1弱＋水 大さじ2

甘酢あん2

酢 …………………………………… 大さじ4
紹興酒 ……………………………… 大さじ1
砂糖 ………………………………… 大さじ2
トマトケチャップ ………… 大さじ3
醤油 ……………………………… 大さじ1/2
水溶き片栗粉
… 片栗粉 大さじ1弱＋水 大さじ2

作り方

① 玉ねぎとピーマンは乱切りにする。

ボウルに甘酢あんの材料を入れて、よく混ぜ合わせておく。

② 豚小間肉は冷蔵庫から出して塩・胡椒少々と合わせてよくこね、紹興酒を加えてよく混ぜ合わせる。（P９参照）

↓

↓

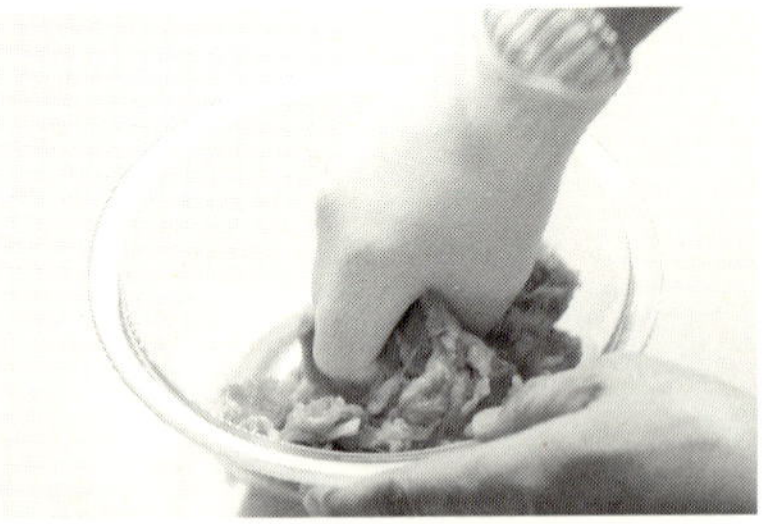

↓

↓

ひと口大の分量に分けてよく固めておく。

↓

③ ボウルに衣の材料を入れてよく混ぜ、肉に衣を薄くまとわせる。

④ 耐熱容器に切った玉ねぎを入れてラップをかけ電子レンジ500Wで2分かける。そこにピーマンを加えて、さらに2分かける。

⑤ 鍋に揚げ油を適量入れて熱し、約160度にする。肉に衣を再びからませてから、揚げ油に入れる。衣が固まったら、引き上げて油を切る。

ポイント 二度揚げするので、ここで完全に火を通さなくてもかまわない。

⑥ 揚げ油の温度を180度に上げ、再び肉を入れて30秒ほど揚げ、

↓

表面がカリッとした状態にする。引き上げて油を切る。

⑦ フライパンに①で混ぜ合わせておいた甘酢あんを再びよく混ぜて入れ、中火にかける。
玉じゃくしでぐるぐると混ぜながら、軽く煮立てる。玉じゃくしの背で大きく混ぜて、酢の酸味を飛ばす。

↓

⑧ 水溶き片栗粉を回し入れ、素早く混ぜてとろみをつける。(サラダ油少量を加え混ぜて、ツヤを出してもよい)

⑨ 甘酢あんが沸き立った状態で肉を入れ、玉じゃくしで混ぜながら、フライパンをあおって、豚肉に手早く甘酢あんをからませる。

⑩ ここに④の野菜を加えてよく混ぜ合わせる。

↓

⑪ 器に盛ってごま油 (分量外) を少々回しかける。

香醋《こうず》とディジョンマスタード

香醋（中国黒酢）

まだあまりなじみがありませんが、中国で黒酢と言えば「香醋」。

日本の黒酢とは原材料や発酵方法が違い、結果として日本の黒酢よりアミノ酸が豊富に含まれていると言われ、塩分や脂肪分はなく、豊かな香りがあります。

非常にコクがあり、私は点心類のつけだれとして、またドレッシングや炒め物の隠し味、スープの仕上げなどに好んで使います。

お近くのお店にないときは、インターネット等でも入手できます。

ディジョンマスタード

中華材料ではありませんが、同じようにディジョンマスタードも愛用しています。

本書でもロールキャベツやマカロニサラダのところで登場しますが、脂肪分がなく、さわやかな香りとコクが料理を引き立ててくれます。

16 豚ひき肉だんごの黒酢あんかけ

ポイント

肉は冷たい状態でこねる。（Ｐ９参照）
水気をたっぷり補うことでふわふわの肉だんごになる。
日本の黒酢ではなく、中国黒酢の香醋を使うと、
また違った風味になります。

材料（４～５人分）

豚ひき肉 ………………………… 400 g
塩 ………… 小さじ 2/5（2.4g）
胡椒 ……………………………… 少々
牡蠣油（オイスターソース）
………………………………… 小さじ 1
紹興酒 ………………………… 大さじ 2
水 ……………………………… 大さじ 6
片栗粉 ………………………… 大さじ 2
香菜、白髪ねぎ ……………… 適量

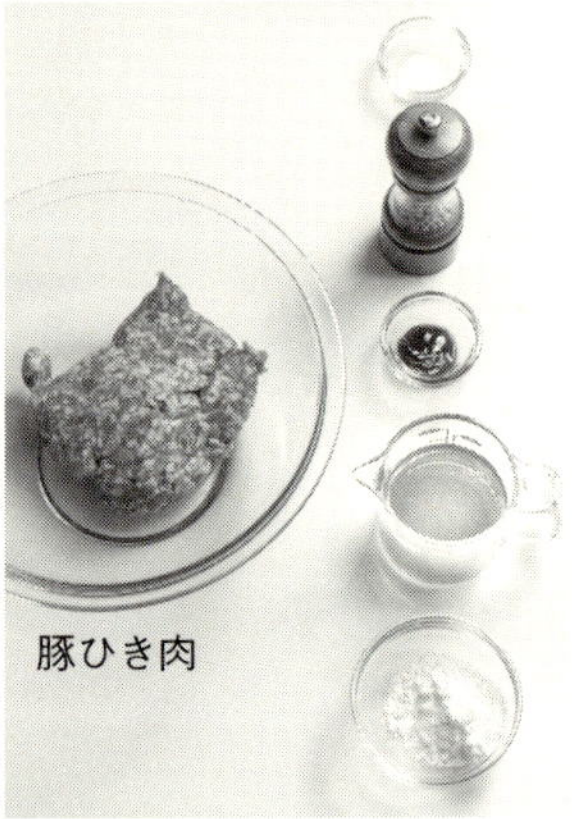

塩
胡椒
牡蠣油
紹興酒と水
片栗粉

黒酢あん

砂糖、醤油 …………… 各大さじ 2
黒酢、水 ……………… 各大さじ 4
片栗粉 ………………………… 小さじ 1

砂糖　醤油

片栗粉

黒酢　水

作り方

① ボウルに黒酢あんの材料を入れてよく混ぜ合わせておく。

② 豚ひき肉は塩を加えてしっかりこねる。胡椒、牡蠣油も加えてよく揉みこんだら、酒を２〜３回に分けて加え、その都度しっかりこねる。片栗粉を加える。

③ 揚げ油を160〜170度に熱し揚げる。小鍋に①を再びよく混ぜて入れ中火で煮立て、肉だんごをからめる。器にとって白髪ねぎと香菜を天盛る。

香油

中国料理で香油といえば料理の仕上げ、いただく直前にほんの少し回しかける香りの立つ油のことです。

この「香油」の使い方を覚えるといつもの中華料理が断然引き立ちます。皆さんよくご存じのごま油、ラー油もそうですし、最近スーパーなどでも見かけるようになったねぎ油の他、鶏の脂肪で作る鶏油、花椒や陳皮《ちんぴ》の香りを移したものなどもあります。

なかでも簡単に作れてどんな料理にも使いやすく、香りだけではなく旨味を加えてくれるねぎ油の作り方をご紹介します。
清潔な容器で常温で長期保存が可能です。

ねぎ油

作り方

サラダ油 400 ㎖、長ねぎの青い部分 4 本分、鷹の爪 2 本

サラダ油、ねぎを鍋で弱火でことこと煮て、ねぎがすっかりしなびたら火を止め鷹の爪（種を抜いたもの）を入れて、そのまま冷ます。玉ねぎを加えても良い。

中華用醤油

濃い口醤油200㎖、砂糖小さじ1、旨み調味料少々を合わせ、しばらく弱火でことこと煮込み、冷ます。

中華醤油は身近に見かけない調味料です。生抽と老抽の2種類があり、生抽は日本の薄口醤油に近く、老抽はたまり醤油を塩分控えめでもっと甘く少し苦くしたようなもの。

甘みとコクを日本の醤油に足して、なんちゃって中華醤油を作っておき、料理に使うとそれらしい雰囲気をつけることができます。

この作り方は、日本で中華料理店をしていた中国人のコックさんに教えていただいたもの。

牡蠣油（オイスターソース）の代わりに使う感じで使ってみてください。

クックドゥの仲間たち

皆さんは青椒肉絲、麻婆豆腐、酢豚、海老チリ、回鍋肉……と聞くと何を連想されますか？

そう、私も若いころはずいぶんお世話になりました！　クックドゥですよね〜〜〜。

家庭の中華料理としてなじみがあるけれど、親から子へと受け継がれてきた歴史のないこれらの料理は、それくらい市販の便利調味料に頼って作られていますよね。

もはや、受け継がれていくお味はクックドゥと言っても過言ではありません。私自身は麻婆豆腐は丸美屋でしたが……（笑）。

ただ当然ですが、そのお味は画一的で、誰が作っても同じというところが長所でもあり残念なところでもあります。

ここにこそ、子育てや仕事で時間に追われているママに代わって、おばあちゃんが料理上手な存在感を示すチャンスがあります。

中華料理の食材や調味料は私が育ってきたころはまだまだ手に入りにくい特別なものというイメージがありましたし、横浜や神戸の中華街に行かなくては手に入らないものも実際たくさんあったと思います。

でも、今はもう、かなりの材料が簡単に手に入ります。

調味料でいえば牡蠣油（オイスターソース）や豆板醤、甜麺醤だけではなく、豆鼓や豆鼓醤、ねぎ油、紹興酒、花椒、腐乳。生ものでいえば香菜などはブームにすらなっていて、急速に普通のスーパーに普通に置かれるようになってきています。

中国黒酢や中国醤油はまだややハードルが高いですが、ネットショップであれば簡単に手に入ります。

食材という点からみると、中国で回鍋肉に使われる葉ニンニクなどはまだ見かけませんが、大抵のものはまずまず手に入るのではないでしょうか。そういう意味では、本場で出されるものとは少々違いがあっても、かなり肉薄できる料理を比較的簡単に作ることができるようになってきています。

そして共通の調理ポイントは、とにかく「使う調味料を最初にすっかり計量して使う順番に並べておくこと」。これに尽きると思います。逆に言えばそこだけしっかり準備することができれば、あとは大して難しいところはありません。

そんなわけで、クックドゥシリーズにあって、さらに家庭で作られる確率の高い料理に絞ってワンランク上のお味を追求してみようと思います。

なお、どうせ作るなら酒は日本酒ではなくて紹興酒を使いましょう。料理全体のお味を格段に大陸へといざなうことができます。残りは料理と共に召し上がっていただけるのもポイントです。

17 麻婆豆腐

ポイント

写真のように材料と調味料を順番に従って並べてから作業するととても簡単。

材料（4人分）

油 …………… 大さじ1
豚ひき肉 …………… 100g
生姜とニンニクのみじん切り …………… 各小さじ2
豆板醤 …………… 大さじ1/2～1
甜麺醤 …………… 大さじ1と1/3
水 …………… 大さじ3
絹豆腐（1センチ角） …………… 1丁（350g）
紹興酒 …………… 大さじ2
醤油 …………… 大さじ1と1/2
水溶き片栗粉 … 片栗粉 大さじ2+水 大さじ2
長ねぎ みじん切り …… 大さじ3

作り方

① フライパンに油を入れて、中火にして、生姜とニンニク、ひき肉を入れて肉の脂が透き通るまでしっかり炒める。

② 豆板醬と甜麺醬を入れて全体に同じ色になるくらい炒める。

③ 鍋肌から水を入れ、豆腐を入れる。
お酒、醤油も加えて弱めの中火にし、豆腐を１～２分煮る。

④ 水溶き片栗粉を４回くらいに分けて入れる。

↓

⑤ ねぎのみじん切りを入れて強火にし、30～40秒煮る。器に盛ってごま油を小さじ１程度（分量外）回しかける。これを香油と言います。

ポイント 豆腐を入れたら、ゴムベラを縁や底に沿わせて動かしながら鍋全体を混ぜ合わせていくと豆腐がつぶれない。

豆腐が崩れないコツを動画で！

18 海老のチリソース

海老のチリソース

ポイント

海老の下処理：酒と塩でよく揉んで洗う。

海老は低温で揚げる：ぷりぷり感が増す。

仕上げにねぎ油やラー油といった香油を効果的に使う。

材料（4～5人分）

海老（ブラックタイガーもしくはバナメイエビ）…… 中20尾（300～400g）

塩、酒	適量	ねぎ油	小さじ2
揚げ油	適量	豆板醤	小さじ1～2

海老の下味

塩・胡椒 各少々、卵白 1/2個分、

片栗粉 大さじ2、サラダ油 小さじ2

チリソースの材料

香味野菜：最初に用意しておく。

長ねぎみじん切り 1 本分、 生姜みじん切り 大さじ 1、

ニンニクみじん切り 小さじ 2

調味液：最初に合わせておく

紹興酒 大さじ 2、スープ 100㎖、砂糖 大さじ 2、

トマトケチャップ 大さじ 3、片栗粉 小さじ 2、酢 小さじ 2

作り方

海老の下処理と衣をつける

① 海老は殻を取り、背筋に切り込みを入れて、背ワタを取っておく。

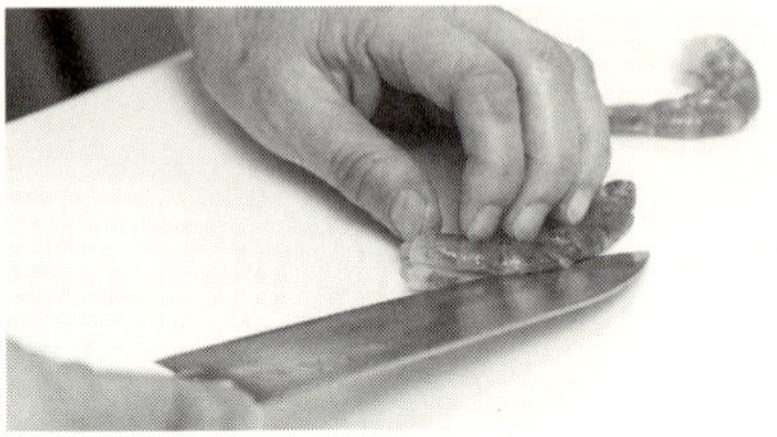

↓

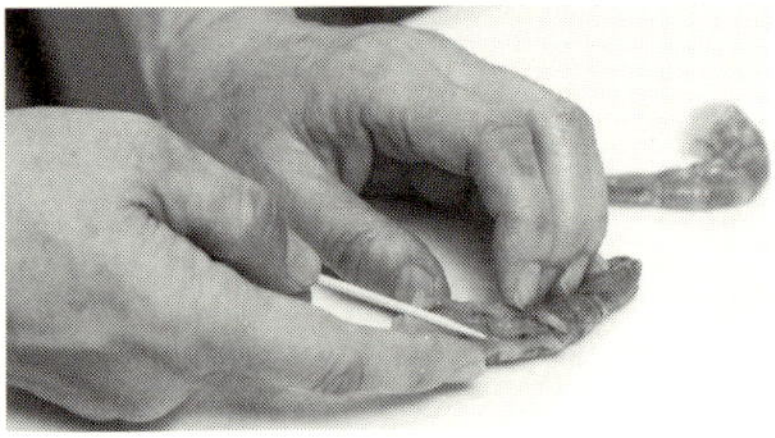

↓

腹側の神経もできれば抜いておく。

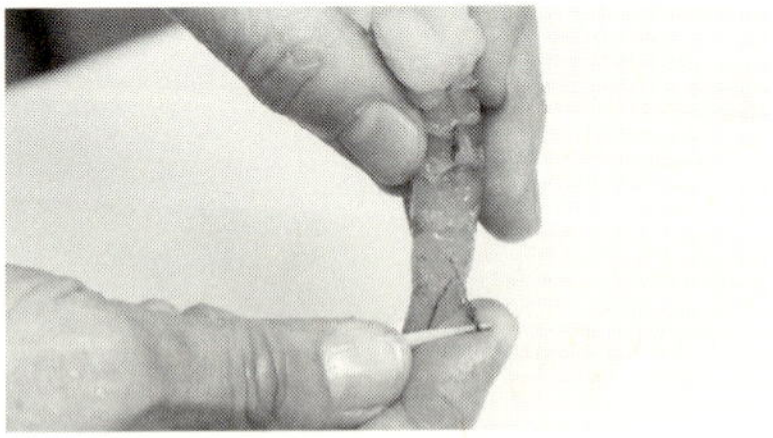

② ボウルに海老を入れて塩と酒を適量加えてよく揉みこむ。流水できれいに洗い流しペーパータオルでしっかり水気をとる。

↓

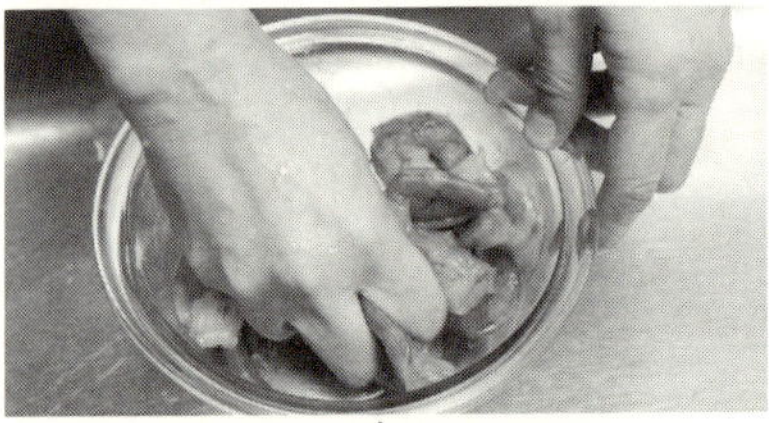

↓

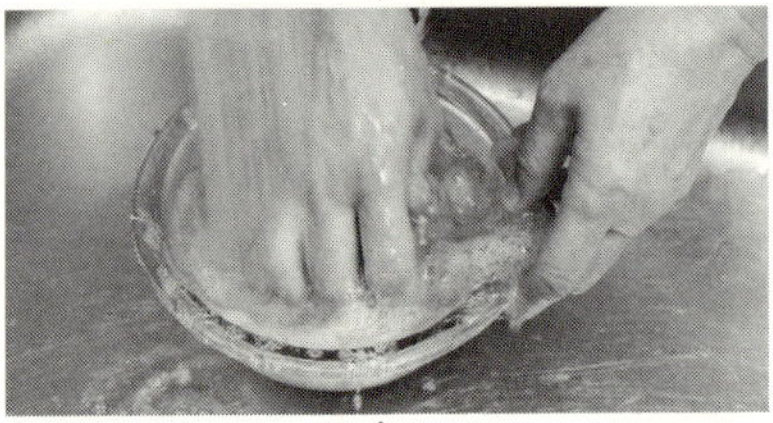

↓

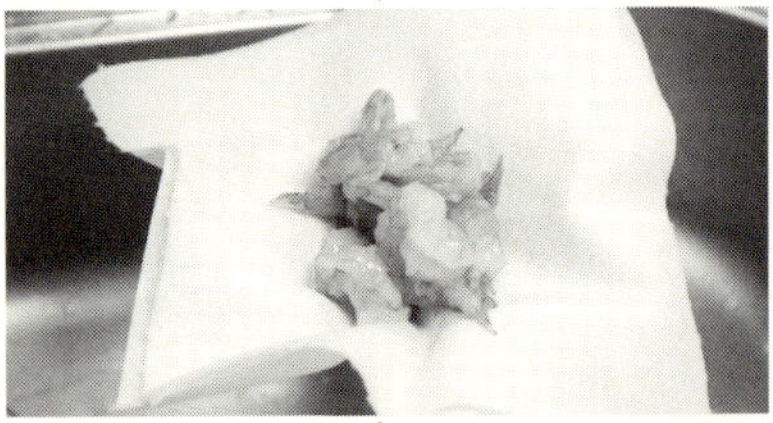

↓

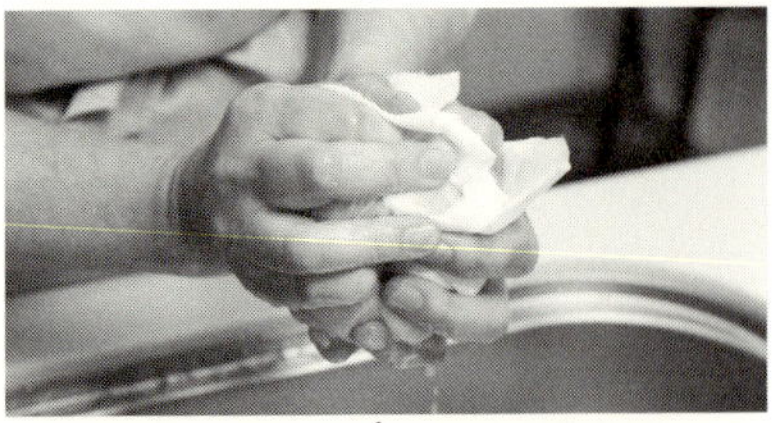

↓

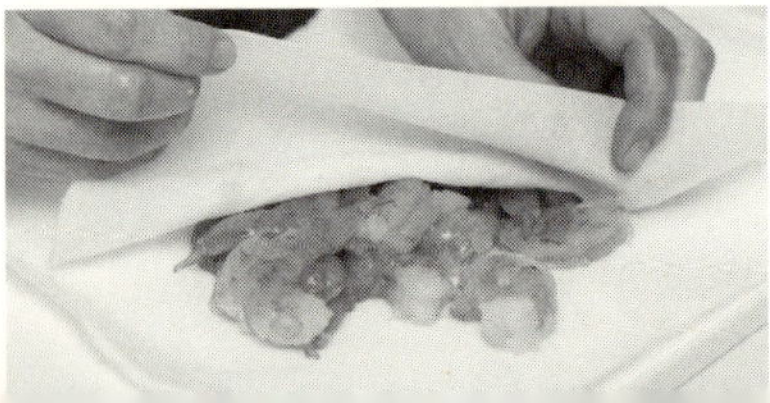

③ ボウルに海老を入れ、下味の塩・胡椒を加えてよく合わせ、次に卵白を加えて軽く泡立つまでよく合わせる。

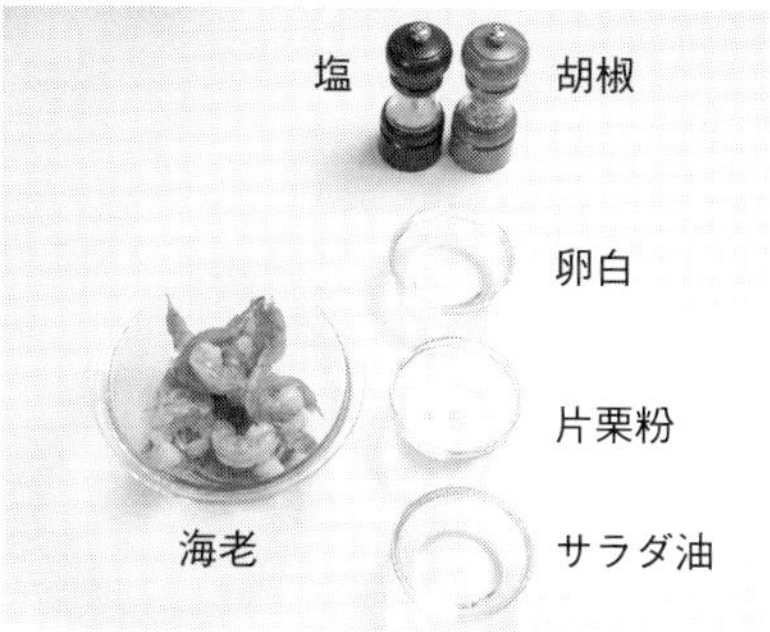

↓

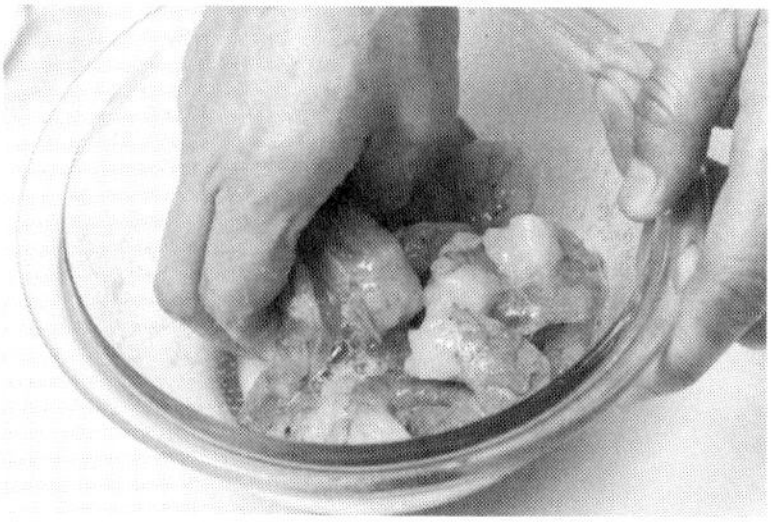

④ 片栗粉をよく揉みこみ、最後にサラダ油をさっくりなじませる。片栗粉がはがれにくい。

えびを揚げる

⑤ 160～170度の低温の揚げ油に海老を加えてゆっくり揚げる。8割方火が通ったら油を切る。

チリソース

⑥ フライパンにねぎ油と豆板醤を入れて弱火にかけ、香味野菜を加えて炒める。香りが立ったら調味液を加え、中火にして海老も加えてとろみがよく出るまで合わせる。

⑦ 器に盛ってねぎ油（分量外）を回しかける。

19 油淋鶏（ユーリンチー）

ポイント

鶏もも肉の厚みを均等に開く。

鶏肉に酒で水分を補い、卵黄をつけることで中の水分と旨味を逃さないように膜を作る。

鶏肉を揚げるときは低温から高温へと温度調節するか２度揚げで揚げる。余熱も意識しよう。

材料（4～5人分）

鶏もも肉 ………… ２枚（600ｇ）
塩・胡椒 ………………………… 少々
紹興酒 ……………………… 大さじ２
卵黄 ………………………… １個分
片栗粉大さじ４と
小麦粉大さじ４
揚げ油

たれ（合わせておく）
醤油 ……………………… 大さじ３
酢 ………………………… 大さじ３
砂糖 ……………………… 大さじ３
長ねぎ みじん切り ……… １本分
生姜 みじん切り ……… 大さじ２
香菜の茎 みじん切り（パセリでも美味しい） ……………… 大さじ２
ごま油 ………………… 大さじ 1/2
好みで豆板醤 ……… 小さじ 1/2

作り方

① もも肉は余分な脂肪や筋を取り（P9参照）、厚みのあるところは開いて厚みを均一にする。

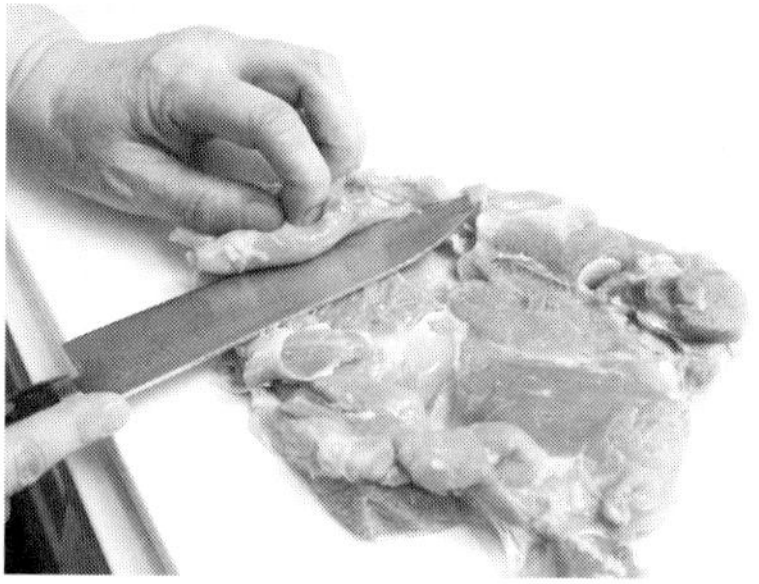

↓

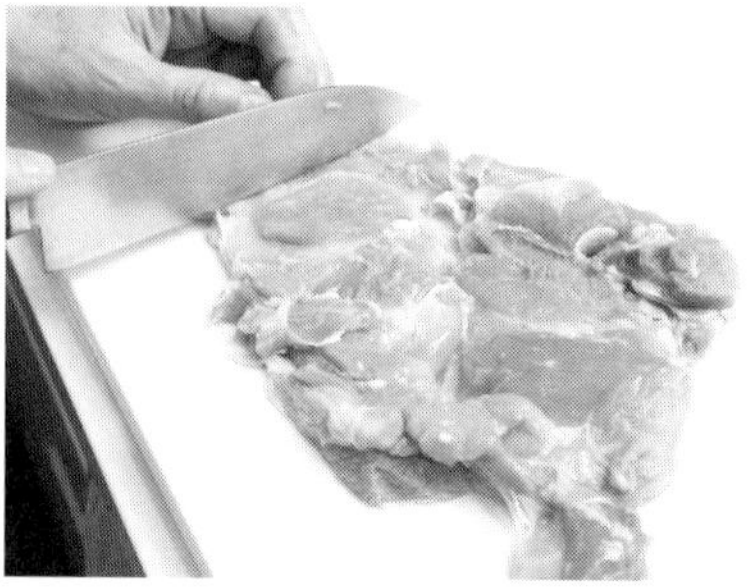

② もも肉に塩・胡椒してよくなじませたら酒をしっかり揉みこみ、さらに卵黄を揉みこむ。

③ 小麦粉と片栗粉を合わせたものをはたきつけ150～160度くらいの油に入れてゆっくりと揚げ、最後に温度を上げてからりと揚げる。

④ 合わせておいた、たれをかける。好みで白髪ねぎや香菜を天盛る。

20 棒棒鶏（バンバンジー）

ポイント
鶏肉もきゅうりも棒でたたくことで
味を染み込みやすく。
低温調理で鶏肉を柔らかく。

材料（3～4人分）

鶏もも肉 ………… 1枚（300g）
きゅうり ………………………… 2本
A：紹興酒少々、塩2.5g（小さじ1/2弱）、長ねぎの青い部分と生姜の薄切り少々

棒棒鶏たれ1

酢 …………………………… 大さじ1
砂糖 ………………………… 大さじ2
醤油 ……………………… 大さじ3弱
芝麻醤 ……………………… 大さじ3
ラー油 …… 小さじ1～大さじ1
ごま油 ……………………… 小さじ2
長ねぎ みじん切り ….. 大さじ2
生姜 みじん切り …… 大さじ1

まずボウルに酢と砂糖を入れてかき混ぜ、透明になってきたら、醤油、芝麻醤、ラー油、ごま油の順で加え、ねぎと生姜のみじん切りを加えたら、静かにそっと混ぜる。

棒棒鶏たれ2

生姜 すりおろし ……… 大さじ1
長ねぎ みじん切り ….. 大さじ1
塩 …………………………… 小さじ1
砂糖 ……………… 小さじ1/2

すべての材料を合わせて大きめの耐熱容器に入れる。そこに煙が出るまで熱したサラダ油大さじ3をかける。

作り方

① 鶏肉は耐熱（半透明）のビニール袋にAと共に入れて、よく揉んでから空気を抜いて、しっかり閉じる。

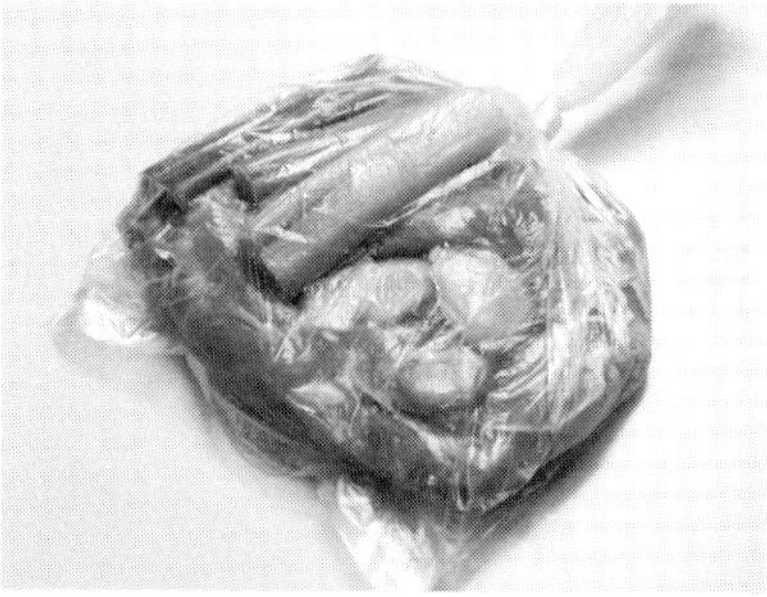

↓

鍋にたっぷりの水と共に入れて火にかけ、沸騰したら1～２分して弱火にし、４～５分茹でたら火を止め、蓋をして15分ほど置く。

② きゅうりは皮を４か所くらいピーラーで剥《む》いて、まな板の上で棒でたたく。自然に４つくらいに割れるので、長さを４～５等分に切っておく。

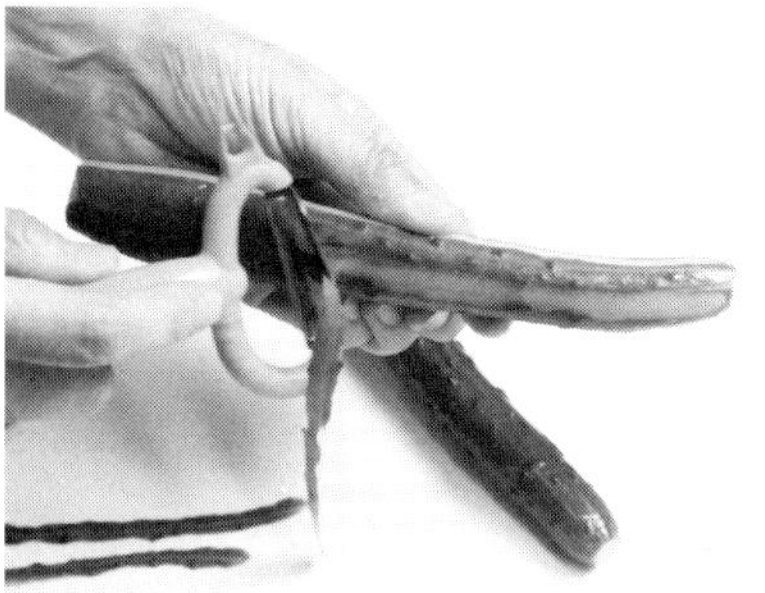

↓

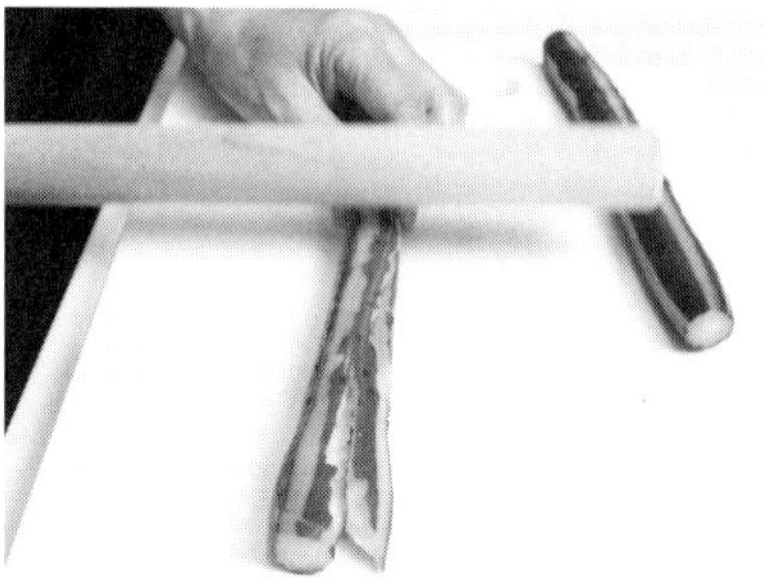

↓

③ ①の鶏肉を取り出して粗熱を取ったら、厚みのあるところは包丁を入れて削ぎ、棒でたたいてから２センチ幅程度に切る。

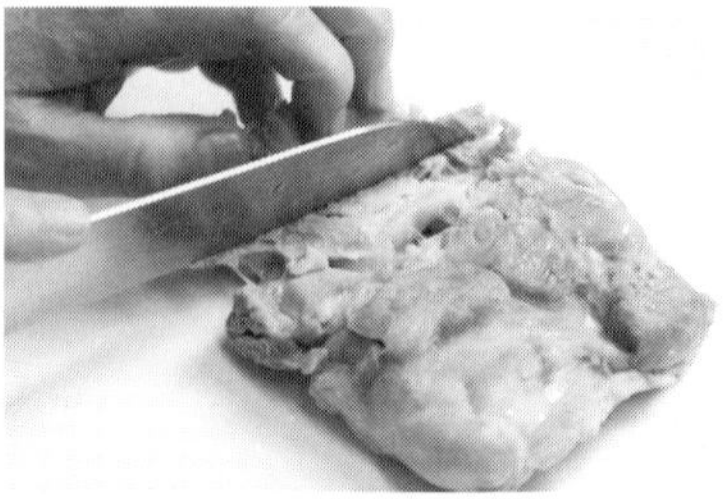

↓

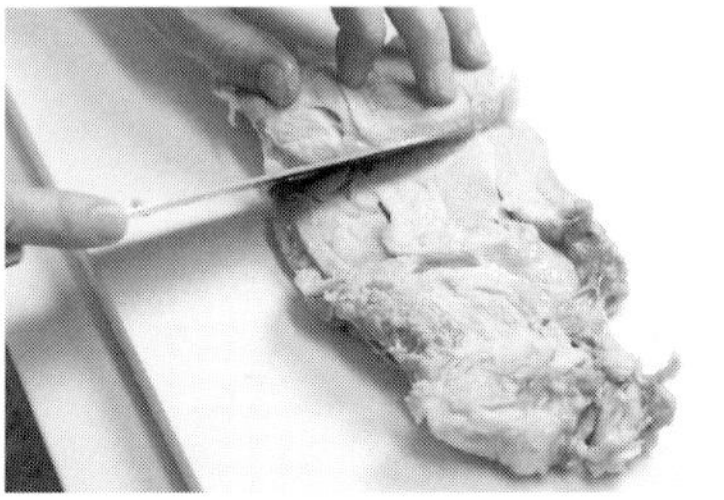

↓

↓

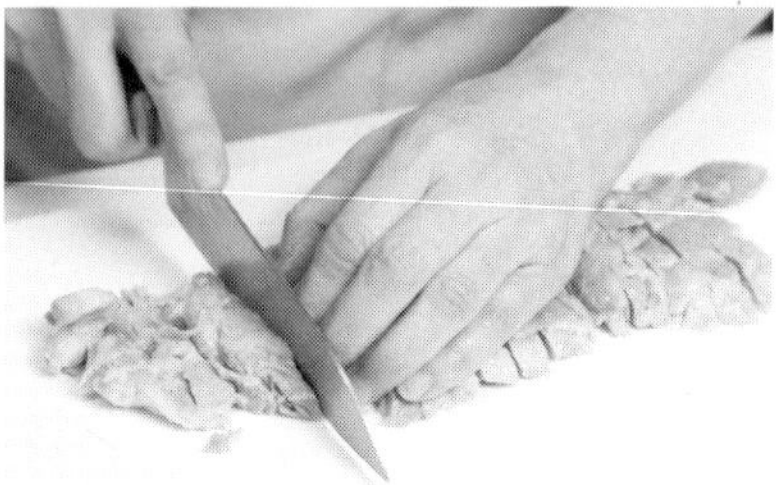

④ きゅうりと合わせて、器に盛り、たれを添える。

21 餃子

30年も前に暮らしたアメリカ南部の小さな町にも、チャイニーズレストランはありました。

日本人が思う中華料理とは違うのですが、でも「アメリカ食」ばかりの中でたまに訪れると、ホッとするものでした（それにしてもなぜアメリカの中華料理店さんには、おみくじの入ったおせんべい＝フォーチュンクッキーが必ず置いてあるのでしょうね？　謎です）。

手に入る食材の関係で、家庭で作ることのできる「ホッとする料理」も限られており、そんな中、実にありがたいメニューが餃子でした。

餃子というのは不思議な料理です。

と申しますのは中に入るのがキャベツでも白菜でも、さらにはレタスであっても、またお肉が豚でも牛肉でも、さらには鶏肉であっても、ニラやニンニクのみじん切りが加わって皮で包んで焼いてしまえば、それなりに餃子になるからです。そこがどうであっても「美味しい餃子」なんです。

ですから、キャベツと牛ひき肉とニンニクで作っていました。そして皮は……売っていました。中華食材は強いのです。

しかし逆にこの餃子だけが、どんなプロのレシピを試してみても「なるほど！　こういう理屈が隠されていて、このひと手間もしくは材料が美味しさの秘訣だ！」というものが「油」以外私には見つけられなかった料理です。

ほとんどのプロの餃子には大量の油が入ります。ラードだったりねぎ油だったりするのですが、そこにさらにごま油もプラス！

見ただけで頭がくらくらする量です。「！だから!!　街の中華屋さんで見かける、しと〜っとペースト状になった餃子の種はこれだ！　油だったんだ！」という衝撃？　感動？

しかもお醤油や牡蠣油やスープの素などでけっこうな濃い味付け。これに酢醤油をつけたら塩気で大変なことになるっていう感じ。

蒸してから焼くという作り方もありましたが、試してみたら面倒なだけでした。「最初にせいろで蒸す？　いやいやフライパンにお湯を注いで蒸し煮してるじゃない？　なんで別々にする？」って感じになってしまう。

そんなわけで、いつも適当に作っている私の餃子で充分美味しいという結論に至りました〜。ちょっとびっくり。ちょっとがっかり。

そしていろいろと試した挙句、酢醤油ではなく、「中国の黒酢＝香醋をたれにしていただく餃子」という方向で、普段の餃子と違った美味しさを演出してみようと考えるに至りました。ですから普段、私が酢醤油をつけていただくものよりは、肉種自体にお味を濃くつけました。酢醤油で召し上がりたい方は少し、塩、醤油を減らして作ってください。

餃子

ポイント　白菜は塩で水気をしっかり出すが、限界まで絞りきらない。焼くときは最初に1個ずつお尻に油をつけて、焼き色をしっかりつける。必ずお湯を注ぎ、水気がなくなるまで蓋を取らない。

材料（約40個分）

- 白菜……250g
- 塩……小さじ1
- ニラ 小口切り……1束分
- ニンニク みじん切り……小さじ1
- 豚ひき肉……300g
- 塩……3g（肉の重量の1%）
- 醤油……小さじ2
- 紹興酒……大さじ2
- ごま油・ねぎ油……各大さじ1
- 餃子の皮……40枚

作り方

① 白菜は2～3ミリ角の粗みじんに切って塩小さじ1を振り、15分ほど置いてぎゅっと絞る。万力で絞り切らない程度。

② ボールに冷蔵庫から出してすぐの冷たい肉と塩を入れてよく練る。（P9参照）
さらに醤油、紹興酒を加えてよく練り、さらにニンニク、ごま油、ねぎ油も加えてよくこねる。そこに白菜とニラを加えてさっくり合わせ、肉と野菜が均一に混ざったらタネの完成。時間があれば冷蔵庫で寝かせる。

③ 皮に包む。バットにラップを敷いて並べる。20個たまったら上からもラップをして冷凍庫へ。残りを包んだら、すぐ焼く場合はそれから焼き、冷凍したものは次に焼く。焼くまで時間がある時は全て冷凍しておく。

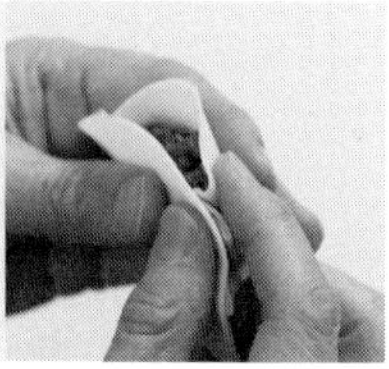

包み方（簡単）を動画で！

包み方を動画で！

④ フライパンに油大さじ１～２（分量外）を入れて中火にかけ、油がさらさらしてきたら、１個１個のお尻に油をつけて並べる。パリッと焼き上げるコツ。

⑤ 一つつまんで焼け具合を確認し焼き目が綺麗なキツネ色になっていたら中火強～強火弱に上げ、フライパンに熱湯を注いで蓋をする。湯の量は餃子が1/5くらいかぶる程度。

⑥ 最初“シューッ”という音がしているが、水気がなくなってくると次第に“ジューッ”という音になり、さらにパチパチと油がはねる音がしてきたらほぼ出来上がりの合図。

⑦ 蓋を開け、水分が少し残っていたらそのままで水気を飛ばし、ごま油を少量餃子の間にたらしてフライパンを思いきりゆすりながらこんがりとした焼き目をつける。餃子が自然に鍋底から離れて動き出すまでゆすり続ける。皮が破れないコツです。

↓

焼き方のコツを動画で！

教室で餃子作りをやって驚いたことは、焼き方がわからない方が多かったことです。「焦げないように弱火で焼いていた」「蓋をずっと開けていたので皮の合わせ目が固くなっていた」「お湯ではなくて水を入れていた」などなど。
フライパンの中の温度を下げないように水ではなく熱湯を注いだら、強めの火加減で蓋をしたまま、しっかり蒸気をまわして焼いてください。思ったより時間がかかります。水気がなくなってきたら蓋を取り、更に水分をしっかり飛ばしたらごま油を回しかけて、フライパンを前後にがーっとゆする。餃子が底から離れて滑り出してくるまでです。蓋を取ってからも思ったより時間をかけます。

22 炒飯

子供が小さいときのお昼ご飯はとにかく一皿ご飯。

炒飯、焼きそば、焼きうどん、そばやうどん。毎日これらをローテーションしていたように思います。

その頃作っていた炒飯は「チャーハン」というより「焼きめし」でしたね。

残りご飯にとにかくありあわせのハムや卵と何らかの野菜。フライパンに全部を突っ込んで炒め合わせた感じ。

そのうちに世間で「プロのようなパラパラ炒飯を作る技」みたいなことが、さかんに言われるようになって、私もいろいろと試しましたが、やはり最初にフライパンに卵液を流してそこにすぐご飯を加えて一粒一粒に卵液がコーティングされるように加熱していくのがベストと思われるのです。

ただし、これもなかなかうまくはできません。いろいろと試行錯誤してみた結果……。

まずはご飯の固さです！　どんなに強い火力で煽《あお》ったってお粥をパラパラにはできないわけで、ご飯は固めにしましょう。

それから、ごはんの一粒一粒に卵液がからんでコーティングされることでご飯同士がくっつかずにパラパラに感じるわけですから、流し入れた卵液に火が通って固まってしまわないうちに、手早くご飯を混ぜなくてはいけません。

ですから卵液と同じ面積にご飯も平らに広げておいて、効率的に混ざるようにしましょう。

そしてご飯をたたくようにして下の卵液に埋め込んでいくような感じを持ってください。これで相当パラパラにすることができます。なお、フライパンを持ち上げて煽ることは家庭ではあまり良いことがありません。

プロの厨房とは違い、家庭の火力は弱く、フライパンの上に熱気のゾーンができるほどの加熱はできません。プロが煽るのは、その熱気のゾーンにご飯を放り上げて瞬間的に卵を固めているのですが、家庭でマネしても熱気のゾーンはなく、フライパンのお尻が火から離れて鍋底の温度が下がってしまうだけです。ですから煽らずに両手にフライ返しやゴムベラをもって返してください。

そして加える具材や調味料を用意しておき、手早く合わせていきます。

強火で手早くです。

具材に関しましては、合わせる過程で水気が出てくるようなものや、そこで火を通さないとならないような生ものは避けましょう。使いたいなら事前に火を通して、本調理では合わせるだけでできるものが良いです。

ご飯は熱いものでお願いします。冷ご飯は温度を下げてしまうので、うまくできません。なお一度に作る量は最大でも米一合分にとどめて下さい。

とろりとした餡《あん》を周りに流しても美味しくいただけます。

パラパラ炒飯

パラパラのコツを動画で！

ポイント

通常の８割方の水で固いご飯を炊いておく。
調味料を用意し温度とスピードに気を付けて炒める。
一度に作る量は最大でも米１合分にする。

材料（米１合分）

- 米 …………………… １合
- 水 …………………… 170㎖
- 卵 …………………… ２個
- 長ねぎ ………………… 1/2本
- チャーシュー ………… 50g
- 塩・胡椒 ……………… 少々
- ガラスープの素顆粒 ……… 小さじ１
- 牡蠣油（オイスターソース）…… 大さじ1/2
- ねぎ油 ………………… 大さじ１

作り方

1. 米は洗って一旦ざるにあげ、水を加えて30分置いたのち普通に炊く。

2. 卵は溶きほぐして塩・胡椒し、長ねぎ、チャーシューはすべて５ミリ角に刻んでまとめておく。塩・胡椒はじめ、すべての調味料は用意しておく。

3. 炊きたてご飯は（冷ご飯なら必ず温めておく）、フライパンの底と同じくらいの大きさの皿に均等に広げておく。

④ 大きめのフライパン（深さのある中華鍋タイプが理想）にねぎ油を入れて火にかけ、最強火でしっかり温めたら、

↓

↓

卵を流し入れ、すぐに、

ご飯をその上に落とす。

⑤ すぐにお玉やフライ返しなどを両手に持ち、たたくようにご飯と卵をなじませつつ、返しつつご飯と卵を素早くなじませていく。

ポイント ご飯粒のひとつひとつに卵をコーティングするような気持ちで。

⑥ だいたい均等になってきたら、具材を一気に加えて混ぜ合わせ、塩・胡椒、ガラスープの素を加えて混ぜ合わせ、最後に鍋肌から牡蠣油を加えて混ぜ合わせる。器に取る。

餡かけを添える場合はガラスープ300㎖に対して大さじ1と1/2の片栗粉を溶き入れたものに、あおさ海苔を散らしたものをかけると手軽で美味しい。

第3章

作れると何かと便利な一品

だし巻き卵　レシピはP139

プレーンオムレツ
レシピはP144

赤だしの味噌汁 レシピはP147

きつねうどん レシピはP154

五目炊き込みご飯

レシピはP149

とうもろこしご飯

レシピはP151

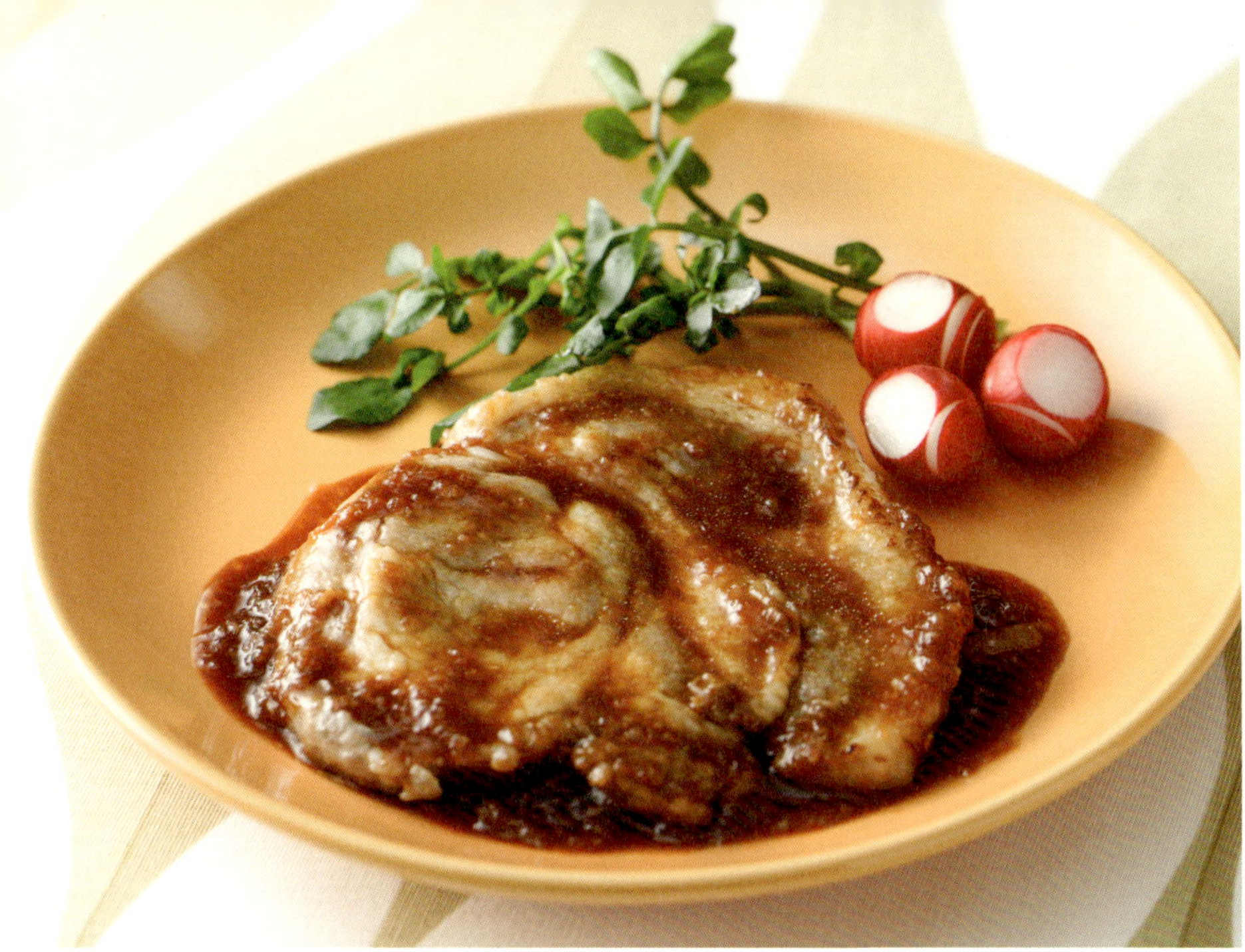

ポークソテー

レシピはP157

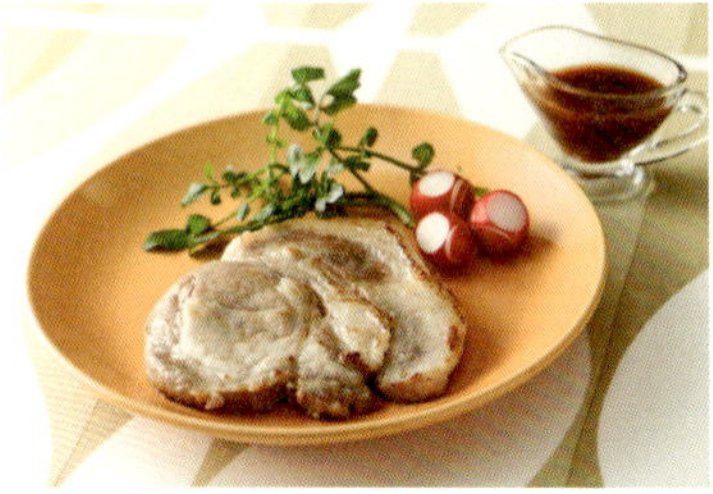

白身魚のソテー

レシピはP161

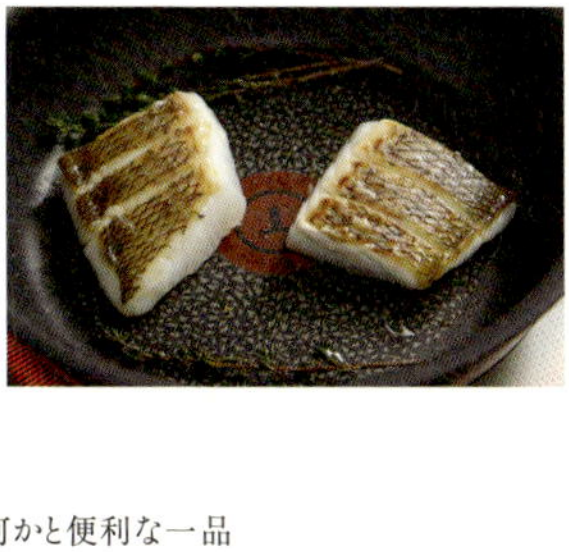

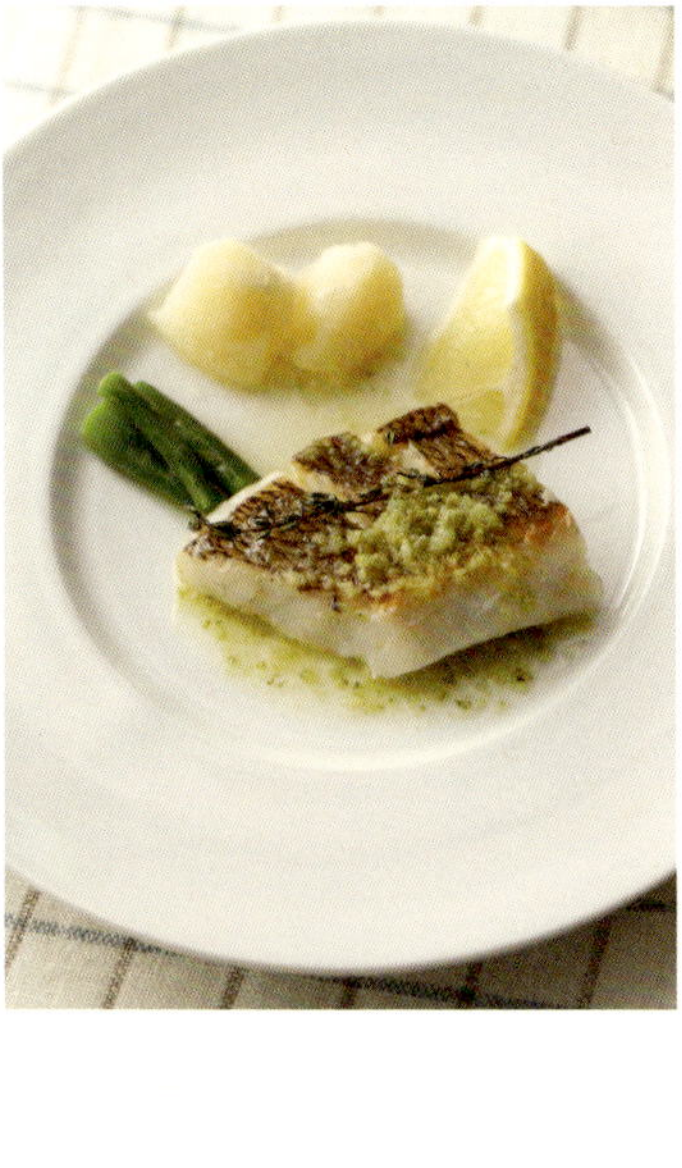

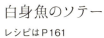

レモンコンソメスープ レシピはP163

オニオングラタンスープ レシピはP164

23

だし巻き卵

だし巻き卵

全工程を動画で！

ポイント
卵とだしの量の割合、卵の溶き方、
卵がはがれやすいフライパンの温度、油の塗り方、
卵を巻くときの菜箸と卵焼き器の動かし方など
各ポイントに詳しく解説しています。

材料（1本分）

卵 ………………………… 3個
だし ……………… 50～70㎖
（かつお節3g＋湯200㎖）
塩 ………………………… 少々
酒 ……………………… 小さじ1

好みで酒と塩の代わりに
みりん ……………… 小さじ1/2
薄口醤油 ……………… 小さじ1

サラダ油
大根おろしと醤油

ポイント だしはかつお節に熱湯を注いだだけのものでよい。

だしの分量は卵3個に対してお弁当なら50㎖、ふんわりタイプなら70㎖程度が最初は作りやすい。慣れてきてもう少しふわふわがよければ少し増やしても。

みりんや醤油をもっと加えたいときは総量で考えて、だしを減らす。

作り方

① 卵をボウルに割り入れ、箸で前後左右に15回ずつ程度かき混ぜる。

ポイント 泡立て器は使わない。卵液に空気を含ませると、焼いたときにだし汁が外に出てしまう。

② 卵白が少し玉になってあちこちに浮いている程度まででやめる。

ポイント ふんわり感がなくなるのでかき混ぜ過ぎない。

③ ②に冷ましただしと調味料を合わせたものを加えてよく混ぜる。

ポイント ・塩加減は薄めに！ そのほうが卵そのものの味を楽しめる。
・年配の方は塩分制限のかかっている場合も多いので、基本は薄味で。

④ 卵焼き器を中火で温め、キッチンペーパーに含ませた油をたっぷり塗る。

ポイント 卵を流し入れるたびに、たっぷりと油を塗り付ける。油をたっぷりと使うことで卵をふんわりさせる効果があります。卵焼きは意外とヘルシーではありません!?

⑤ 菜箸の先で卵液を塗り付け、ジュッ！という音とともに1本の線になる温度がよい。

ポイント 線が書けてもジュッ！という音がしないときは温度が低い。線にならずに玉になって散ってしまうときは温度が高すぎるので一旦濡れ布巾にあてて冷ます。

⑥ 温度が良ければ、お玉1杯の卵液を流して、ぷくぷくしてきたところはつついてつぶし、7～8割方火が通ってきたら（ゆすったときに表面を簡単に流れる卵液が少しになってきたら）、手前に巻き寄せ向こう側に油を塗る。

①
②
③
④
⑤
⑥

↓

↓

↓

↓

⑦ 卵を向こう側に移動させて手前も油を塗る。

⑧ 卵液を箸先で塗り付けて温度を確認し、

⑨ 再びお玉１杯の卵液を流し、

⑩ 向こう側の卵を持ち上げてその下にも流し込み、ぷくぷくしたところはつぶす。

⑪ 今度は向こう側から卵を箸で挟んで、卵焼き器を持ち上げたら落とすという動作と組み合わせて卵を手前まで巻いてくる。

ポイント 菜箸を卵に対して直角に挟んで持ち上げようとすると卵が割れやすい。右手で卵の下にお箸を斜め加減に差し込んで、左手で卵焼き器を上下させる動きも加えて卵を手前に返す。
煽るような大きすぎるアクションをすると、卵焼き器の中身全体が手前にずれてくるだけで巻きつけることができない。持ち上げた卵焼き器を下に落とすようにするタイミングで卵の下に差し入れた菜箸で卵を手前に返す。

⑫ これを繰り返して最後まで焼いたら、巻きすに取って５分ほど寝かせ、形を整える。

ポイント 少々ぐちゃぐちゃになってしまっていても、この作業ですっかり美人に生まれ変わりますからご安心ください。
巻きすがなければ、広げたラップに取り、巻いて形を整えます。

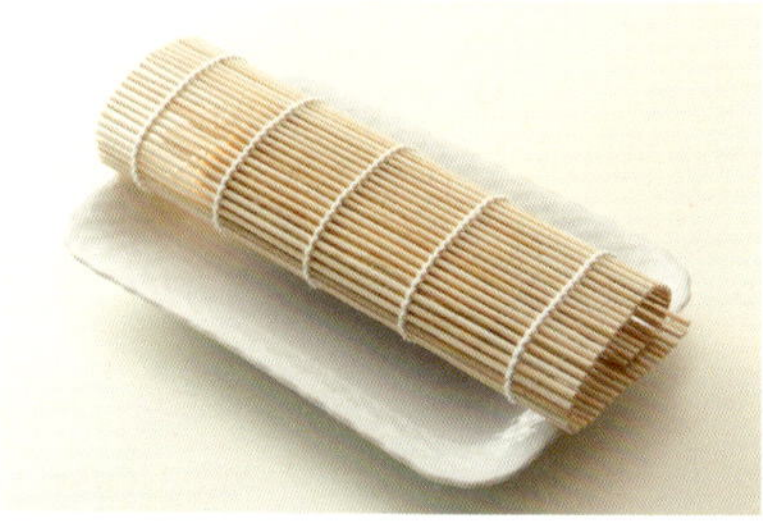

⑬ 器に盛って大根おろしに醤油をかけたものを添える。

ポイント だし巻き卵のお味は薄くして、これで塩加減を調節すると皆が美味しくいただけます。卵自体のお味も感じることができます。

24 プレーンオムレツ

プレーンオムレツ

ふんわりのコツを動画で！

材料（2人分）

卵 …………………………… Ｌ玉３個
ヨーグルト ……………… 大さじ２
塩 …………………………………… 少々
オリーブ油 ……………… 大さじ１

作り方

① 卵はだし巻き卵と同じ要領で溶き、塩とヨーグルトを合わせる。

ポイント ヨーグルトは固めのタイプではなく、とろんと液体に近いタイプがおすすめ。

② 直径15センチ以下のフライパンにオリーブ油半量を入れて中火で熱し、温度を確かめたら卵液の半量を流し入れて、左手で鍋をゆすりながら右手でガーッとスクランブルする（7～8秒）。

③ まだまだ思いっきり半熟の状態で、ゴムベラに持ち替えて卵を向こう端に返しながら寄せて、火を止める。向こう側のフライパンの縁を利用しながら向こう側からもこちらに折り返して形をある程度整えたら、フライパンを立ててお皿にかぶせるように移す。ラップや濡らして絞ったクッキングペーパーなどで上から覆って楕円に形付けます（ゴムベラや箸で軽く形を整えるだけでもよい）。２個作る。なお、オムレツの場合はフライパンを煽って大丈夫です。できる方はどうぞ！

②

③

25

お味噌汁のはなし

和食屋さんやお寿司屋さんの赤だしのお味噌汁は、しみじみと美味しく感じます。

その味を家でも味わいたくて八丁味噌を買ってきて作るのですが、どうにも外でいただくような味になりません。子供の頃、母が煮干しでだしを取って作っていた赤だしのお味噌汁もあんまり美味しくなかったなあ……。

そこでいろいろと勉強してみましたら、八丁味噌などの赤みそは米麹や麦麹を使わない。豆だけで豆麹を用いて作るので塩気が多く、非常に香りが高い反面、独特の風味と苦みや渋味のようなものがあることがわかりました。ですからうんと濃いめのだしと合わせるとそのクセがよく合って一段と美味しくなるようです。具材としてはだしのよく出る貝類（シジミやあさり）、または豚肉などが好相性だとか。ですが、豆腐・わかめ・なめこなどでいただきたいときは、やはり昆布とかつおでしっかりとだしをひかねばなりません。

昆布は普通の量で良いのですが、かつお節は普段より「うんとたくさん」使う。

これだけがポイントで、誰でも極上の赤だし味噌汁が作れるというわけです。

というわけで濃厚ですからあまりたくさんの量というよりは、小さなお椀で少しいただくのが良いかもしれません。

また塩分が多い味噌ですので、みりんを少々加えますとまろやかな感じになります。

赤だしの味噌汁

ポイント　八丁味噌はだしを濃くとる。

材料（4人分）

水 …………………………………… 600㎖
かつお節 ……………………………… 18g
昆布 ………………………………… 10g
八丁味噌 ………………………… 45g前後
みりん ……………………………… 小さじ1

作り方

① 鍋に水を入れ、昆布を加えて蓋をして中火にかける。大きい泡がぽこぽこと出るようになってきたら、かつお節を一気に入れて火を止め、しばらく蒸らして濾《こ》す。

② 好みの具材を加えて温め（必要なら煮る）、味噌を溶かし入れる。

③ 好みでみりんを加える。

26 炊き込みご飯のはなし

「炊き込みご飯」とは、米と野菜や肉、魚の具材と共に調味料を加えて炊き込んだご飯のことです。

代表的なものに、五目ご飯、松茸ご飯、栗ご飯、たけのこご飯、豆ご飯、鶏飯、鯛飯などがあります。関西では特に加薬ご飯と言ったりします。

この加薬というのは何でしょう？　ご飯のほかにも、『かやくうどん』などもありますよね。

漢方薬の世界では主となる薬に、補助的に別の薬を少々足して飲みやすくしたり、治癒力を強めたりする手法があり、それを加薬と言うそうで、そこから来ている言葉だとか。

五目ご飯と言われると5種類の具が入っている気がしますが、そういうものでもないようです。

一般的には大根、人参、ごぼう、油揚げ、こんにゃく、椎茸（干し椎茸）、鶏肉などの中から4〜5種類という感じですね。もちろん地方によってまたご家庭によっていろいろな組み合わせがあると思います。

私は鶏肉を入れてしまうと鶏ご飯になってしまう気がして、「五目ご飯」というお題なら入れたくないかな？　もうこの辺りはそれぞれですね。

五目炊き込みご飯

ポイント 調味料は炊く直前に加える。
酒を入れてお米のべたつき防止。
炊く前にお米と具を混ぜない。

材料（3合分）

米	3合
酒	50㎖
ごぼう	30g
人参	50g
油揚げ	1枚（45g）
糸こんにゃく	80g
干し椎茸	8g

具材の調味料

酒	大さじ1
みりん	小さじ2
醤油	大さじ2

作り方

1. 米は洗って30分〜1時間浸水しておく。

ポイント 塩や醤油などの調味料はお米の吸水を妨げるので、炊く直前に入れるようにする。吸水させた米に、どれくらいお水を足してよいのかわからなくなるかもしれません。その場合は吸水させる前の米と同量の水を追加してください。（米が1合=180㎖ならお水も180㎖）

② 油揚げは３辺を落として２枚に開き、ごくみじんに切る。

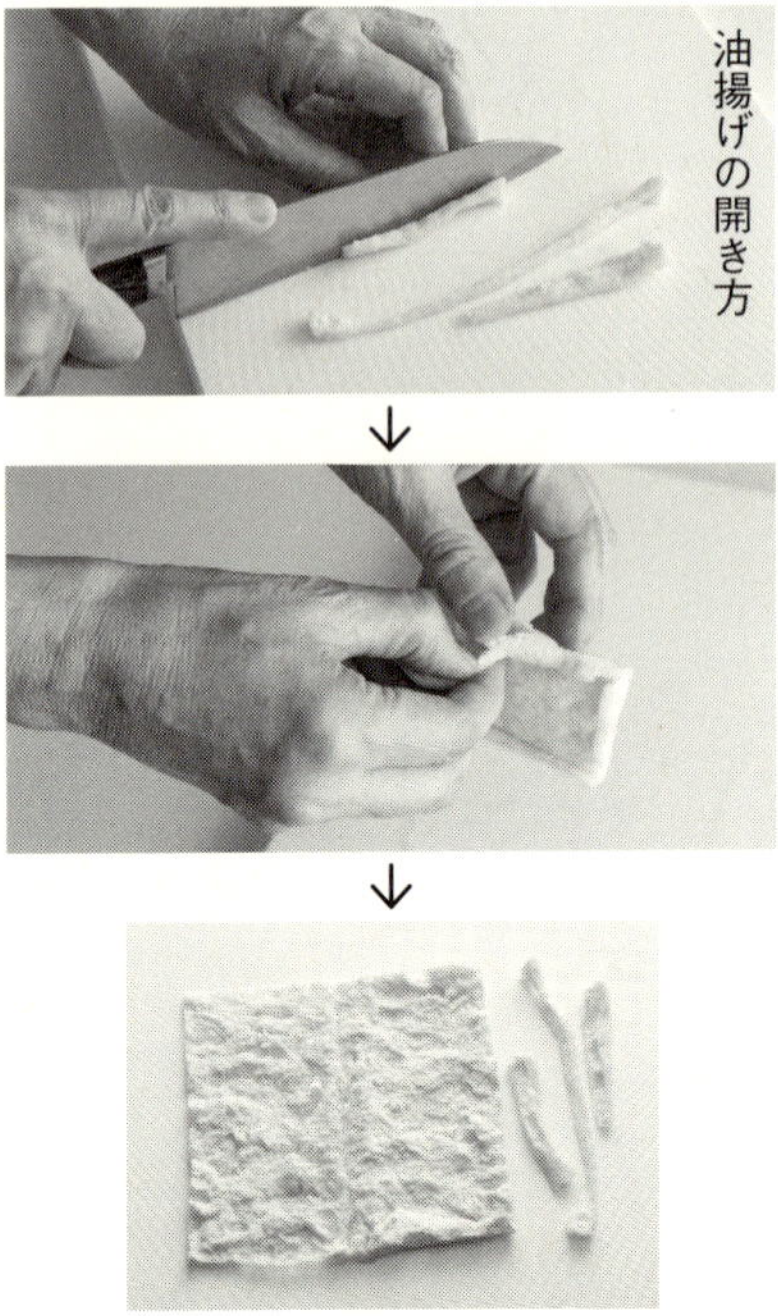

ごぼうはささがき、人参は千切り、干し椎茸は戻して薄切り、糸こんにゃくは適宜に切る。

③ 具材の材料すべてと干し椎茸の戻し汁、酒とみりんと醤油、さらにひたひた程度に水を加えて具材を煮る。煮上がったら煮汁と具に分けておく。

ポイント 米と具材と調味液を全部加えて一気に炊く方法もあるが、具材にしっかりお味が染みているほうが美味しく感じると思います。

④ 米をざるにあげて炊飯器に入れ、煮汁と必要なら水を加えて合わせて500㎖にして加え、さらに酒を50㎖加える。味を確かめ、吸い物よりやや濃い加減になるよう必要なら醤油を加えて、調える。

ポイント 酒を入れると、風味やコクが増すだけでなく、ベタつき防止になる。調味料で吸水が妨げられたお米の表面に付着した水分がべたつきの原因。酒はご飯を固くする性質があって、このべたつきを防ぐ。

⑤ 具を米の上にのせて炊く（あれば炊飯器の早炊きキーでよい）。

ポイント お米の中に具をまんべんなく混ぜたくなるが、具が炊飯中の水の対流を妨げて、炊きムラができる。

⑥ 炊き上がったらしっかり混ぜる。その後蒸らし時間を長めにとる。

もうひとつ、定番ではありませんが、子供さんから大人まで美味しいと評判の「とうもろこしの炊き込みご飯」をご紹介します。唯一のポイントがとうもろこしの芯を加えて炊くこと。芯には美味しいお汁がいっぱい。炊き込みご飯はもちろん、スープを作るときも芯を加えると美味しくなります。

とうもろこしご飯

ポイント とうもろこしの芯から出るだしを使う。

材料（2合分）

米……2合
とうもろこし……1本
酒……大さじ1
塩……小さじ1

作り方

① とうもろこしは皮を除き、半分に切ったものを立てて、包丁で上から下に向けて実をはがすように切る。

② 米を洗って普通の水加減にして、30分～1時間しっかり浸水させたのち、塩と酒を加えてよく溶かし、とうもろこしの実と芯をのせて炊く。

③ 炊き上がったら芯を取り除いてよく混ぜ、長めに蒸らす。

27 きつねうどんのはなし

きつねうどんという言葉を聞くと、たぬきうどんが連想され、さらに関東と関西の違いについての話に及ぶことが多いですよね。知っているようでよく分かっていない関西と関東の違いは以下の表のとおりです。

	きつね	たぬき
大阪	甘い油揚げのうどん（きつねそばはない）	甘い油揚げのそば（たぬきうどんはない）
京都	短冊切りの油揚げと九条ねぎのうどん（きつねそばはない）	上記があんかけになったうどん（たぬきそばはない）
東京	油揚げのうどんとそば	天かすがのったうどんとそば（関西では天かすそばと天かすうどん、もしくはハイカラという）

ちょっとややこしいですが、面白いですね。

コンビニで売っている冷凍うどんやそばは、具材がたくさんのっていて、しかもそのまま加熱していただけるお鍋付き！　のものもあり、おだしも美味しく、私も時々利用します。とってもお手軽で便利です。

でも、やっぱり自分でとるだしは違います。たいして大変ではありません。うどん・そば用の数種類の魚が混じった荒削り節や煮干しと昆布を合わせてだしをとるだけ。煮干しを普段使わないなら、イワシが入った混合削り節もあったりするので、ちょっとよく見て、なるべく無駄が出ないように買ってください。

そして海老天や、茹でたほうれん草をのせようとするとその調理に結構な手間がかかりますが、その点、きつねうどんはお手軽です。特に、甘く炊いた油揚げを使うのではなく、そのまま刻んだお揚げを使う京風は簡単で美味しくお勧めです。

私のアシスタントさんは、「え〜。甘いお揚げがのっていないとヤダ〜〜」と言っていましたが、京風きつねうどんを作って食べてみたらすっかりファンになっていました。

また甘いお揚げも、お稲荷さん用に味付けして売っているもので済ませたりしますが、これも自分で炊くととっても美味しい。

プロは時間をかけて煮込みますが、そこはもう少しお手軽に作りたい……。というわけで、そのレシピもつけておきました。

きつねうどん

材料（4人分）

水 ……………………………… 1400㎖

昆布 ……………………………… 15g

煮干 ……………………………… 15g

サバ節＋かつお節＋そうだかつお節
の荒削りを合わせて ………… 40g

塩 ……………………………… 小さじ1

みりん ……………………… 大さじ2強

酒 ……………………………… 大さじ1

薄口醤油 ……………………… 大さじ3

具材

油抜きして千切りにした油揚げ … 2枚分

斜め小口うす切りの九条ねぎ …. 6本分

かまぼこ薄切り …………………… 8枚

冷凍さぬきうどん ………………… 4玉

作り方

① 水に昆布、煮干を入れて火にかける。沸騰前に昆布をとり出して荒削り節を入れ、弱火にして10分煮出したら火を止め、しばらく蒸らしたら漉す。

② ①に調味料を合わせてひと煮立ちさせる。

③ 器に熱湯でさっと茹で戻したうどん、具材のそれぞれ1/4量を入れて②の汁をはる。

油揚げを煮る

油揚げ ……………………………… 2枚

水 ……………………………… 200㎖

砂糖 ……………………………… 15g

薄口醤油 ……………………… 大さじ1

みりん ……………………… 小さじ1

昆布 ……………………………… 3g

かつお節 ……………………………… 3g

鍋にすべてを合わせて火にかけ、沸騰後10分弱火で煮る。

28 ポークソテー

　本書の冒頭でも書きましたが、料理教室で「ポークソテーの焼き方を教えて下さい」と言われたときは、いささか面《めん》喰《くら》いました。その理由《わけ》は、ひとつにはお肉をただ焼くだけなので、お教えするような料理として考えたことがなかったから。もうひとつには私自身がほとんど家庭で作ったことがなかったからと言えるでしょうか。

　ですからいざ取り組んでみると、なるほど難しいのだということが分かってきました。たんぱく質は加熱されれば凝固してぎゅっと身を縮めます。それはすなわち固くなることです。牛肉の場合はある程度生っぽくてもいただけるのであまり問題になりませんが、豚肉の場合はしっかり火を通さないといけません。だから固くなる。なるほど難しいのです。

　豚肉は58度で凝固をはじめ、68度を超えると加水分解を始めて一気に肉がパサパサになっていきます。一方で、肉の中心温度が63度で30分以上（もしくは75度以上で1分）の過熱をすれば概ね安全に食べられると言われています。私の知りあいのシェフは塊肉のローストポークを作るときは68度で1時間加熱していると言います。この場合、切り分けたお肉の断面はわずかにピンク色です。

　このように低温調理すれば、安全と柔らかさを両立させられるわけです。

　理屈は分かりました！　でもこれを家庭で

簡単に実現するには、どうすればいいのかという話です。

低温調理は雑菌が増殖しやすい温度帯を長く維持するので、やはり安全に作りたい。ピンク色ってやっぱり家庭では怖い……と。


そこで、お肉を柔らかくする効果のあることをすべて投入して、さらに「低温調理風」にしてみましたが、余熱も利用してあくまでしっかりと焼くことを目指しました。

ソースをかけてしまってよいなら、別鍋でソースを沸騰寸前にしておいて、肉のフライパンの火を止めてからそれを一気に回しかけ、蓋をして、とどめの余熱調理をするのが簡単です。

塩、胡椒のお味だけでいただきたい場合は最後に火を一旦強めてから火を止め、蓋をして余熱を利用しましょう。

ポークソテー

ポイント

肉を常温に戻しておく。

砂糖と塩と酒を用いて肉を柔らかく。

粉をはたいて肉汁を閉じ込める。

180度で肉の表面を殺菌し、同時に焼き色を付け美味しそうな匂いを引き出すこと（メイラード反応と言います）と低温加熱を併用して柔らかく焼く。

材料（４人分）

とんかつ用豚肉 ………………………… ４枚
（厚さ1.5センチ程度130g位）
塩 ………………………… 肉の重量の0.8%
小さじ１が6gです。
砂糖 ……………………… 肉の重量の0.8%
小さじ１が３gです。
酒 ………………………………… 重量の10%
大さじ１が15gです。
粉（片栗粉でも小麦粉でも）…… 少々
オリーブ油 ……………………………… 少々

ソース（４枚分程度）

すりおろし玉ねぎ ………… 1/4個分
すりおろしニンニク ………… １片分
トマトケチャップ ………… 大さじ４
ウスターソース ……………… 大さじ３
日本酒 ……………………………… 大さじ３
スープキューブ ……………………… １個
水 ………………………………… 1/4カップ
塩・胡椒

塩・胡椒しただけの肉の焼き方とソースを回す焼き方は最後の段階が違います。

作り方

① 肉は調理の１時間前に冷蔵庫から出しておく。

② 肉にフォークでまんべんなく穴をあけ、砂糖を擦りこんで10分程度置く。

③ ビニール袋に酒と塩を入れ、肉を漬け込んでさらに15分以上置く。

↓

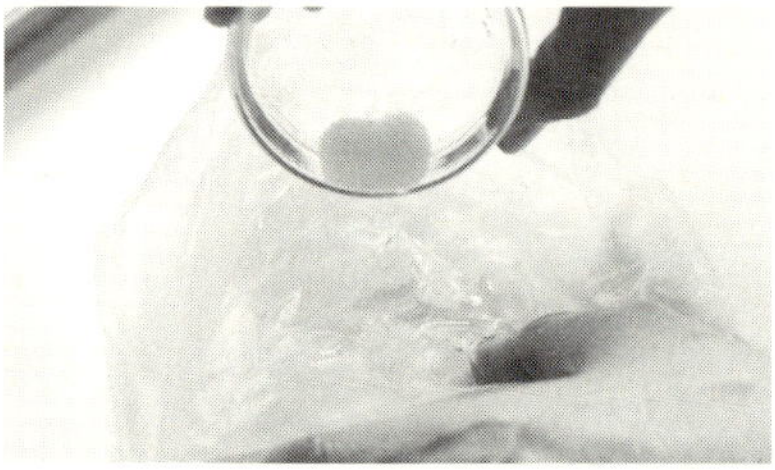

↓

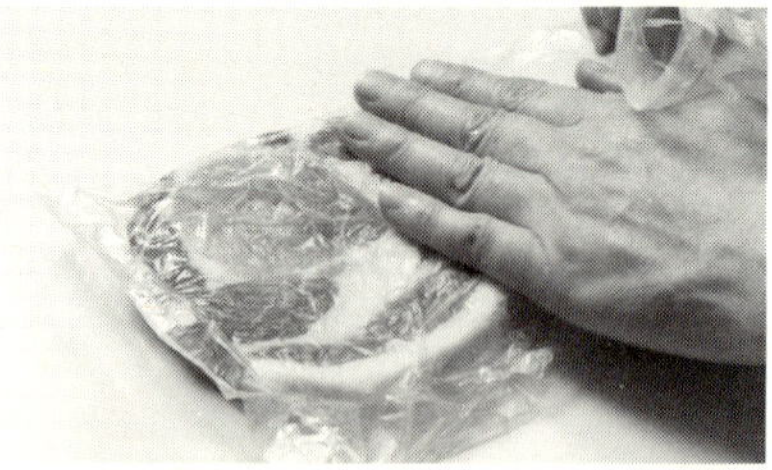

④ 取り出したらキッチンペーパーでそっと挟んで水気を取り、粉を薄くはたく。

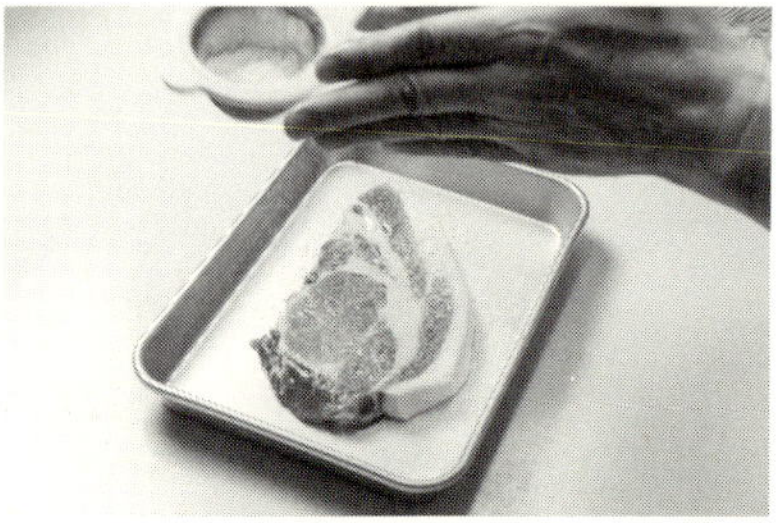

⑤ 中火でフライパンにオリーブ油を熱し、180度位になったら、盛り付けで上にする面から肉を入れ、油が肉の下によく回るようにゆすりながら15秒程度焼き目をつける。
（次に肉をトングで挟んで脂を下にして立てて持ち、しっかりと脂を焼いてもよい。絞り出た脂は一旦捨ててから次に進んでください）

⑥ 火を最弱火に落とし、肉の側面が下から半分くらい白くなってくるまで焼く。
中火に戻して肉を裏返し、裏面も15秒くらい焼いたら、また最弱火に落として焼く。
その間に肉がひどく反り返ってきたら、キッチンばさみで切り込みを入れる。

⑦ 全体に白くなり、わずかにピンク色の肉汁が表面に浮いてくる頃に一旦中火にして5秒ほどで火を止める。蓋をして3～5分蒸らす。
ソースを合わせる焼き方では、ソースの材料をすべて合わせて別鍋で煮立てておき、ピンク色の肉汁が表面に浮いたら一気にソースをかけて火を止め、蓋をして2～3分置く。

29

白身魚のソテー

私の料理教室では毎月の定期開催とは別に、ひとつのものに特化して、皆で作るという場を不定期に開いています。先日は青ゆずと青唐辛子が重なり合う秋の短い期間を選んで、ゆず胡椒作りをしました。

そんなときは作ったものを使って皆さんに軽い昼食をお出しします。今回は鯛のソテーをお出ししました。作ったばかりのゆず胡椒とレモンのソースを添えて。

そうしましたら、塩・胡椒して、ただフライパンで焼いただけの、その鯛のソテーに皆さまの関心が集まり、作り方の質問攻めに遭いました。

「白身魚のソテー」。ただただ放置して焼くだけですが「真鯛のポワレ」な～んて名乗れるような焼き上がりになる、そんな焼き方をご紹介いたします。

「自分でソテーした魚と、皮のパリッと感が全く違う」とのことです。

真鯛のソテー

ポイント 魚は塩をして10分ほどおいて水気を拭く。弱火で焼き始め、天地を返すことなく、蓋もせず、ひたすら放置する。

材料（2人分）

真鯛の切り身（骨なし皮付き）
……………………… 60g×2
塩・胡椒 ……………………… 少々
タイム ……………………… 2枝
ゆず胡椒 ……………………… 小さじ2
レモン汁 ……………………… 大さじ2
オリーブ油 ……………… 小さじ2程度

作り方

①真鯛は皮付きの柵を求めて2～3切れに切り分け、皮目に2ヶ所切り込みを入れて塩をする。

②①を10分ほど置いて水気が出てきたら、キッチンペーパーでふき取る。

③フライパンにオリーブ油を小さじ2程度入れて、弱火強（IHなら2～3）にかけ、タイムと共に鯛を皮目を下にして焼き始める。フライ返しで平らになるよう押し付けたり、フライパンをゆすったりして油がムラなくまわるようにする。そのまま蓋をせず、上まで白くなってくるまでひたすら放置する。途中、皮目が焦げてくるようなら、もう少し弱火にする。

④その間にレモン汁をしぼり、ゆず胡椒と合わせておく。

⑤切り身の上の方まで、ほとんど白くなって、透明な部分が少し上面に残っているくらいになったら天地を返して少し焼き、皮目を上に、ゆず胡椒とレモンのソースを敷いた器に取る。

↓

30 スープ2種

メインの料理やサラダの他にスープというポケットを持っていると便利です。

そこで、ごくごく簡単に作れる割にはちょっと美味しい！ コンソメスープと、電子レンジを活用して気楽に作る本格的オニオングラタンスープをご紹介します。

レモンコンソメスープ

ポイント 市販のスープキューブでもレモンと野菜のだしで驚くほど美味しく。

材料（4人分）

水 …… 600㎖
スープキューブ …… 2個
ごぼう …… 30g
人参 …… 30g
（2センチ分くらい）
ズッキーニ …… 30g
（2センチ分くらい）
レモン（薄切り） …… 8枚
胡椒 …… 少々

作り方

① ごぼうはよく洗っておく。

ポイント ごぼうは、皮を剥かない。

② 鍋に水とスープキューブを入れて、その上にごぼうを鉛筆を削るようにピーラーで薄切りしながら落としていく。

③ 次に、人参は輪切りにするように断面を保ちながら、ピーラーで薄く削り落としていく。

④ 中火にかけ、沸騰したら弱火で3～4分煮る。

⑤ 一旦火を止め、ズッキーニも人参と同様に輪切りの面をピーラーでそいで落とす。

ポイント きれいな円形に削れなくて大丈夫。半月や三日月やきれいな円やいろいろ混じるほうが食べやすい。そして、このように削ると削り残した野菜も保存しやすい。

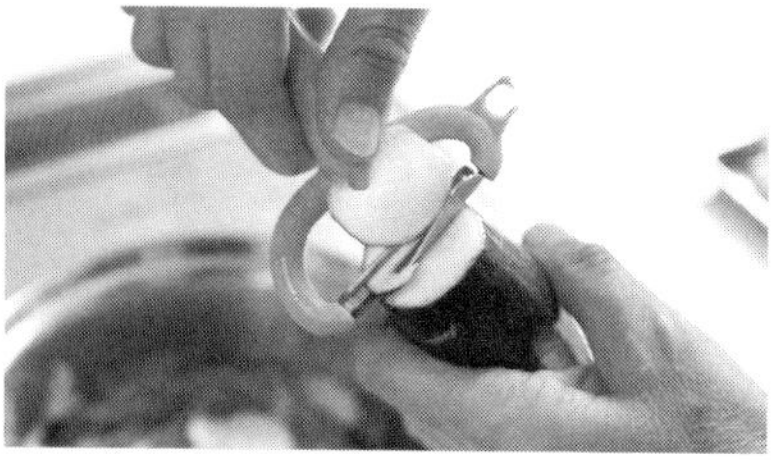

⑥ もう一度火をつけて再沸騰したら火を止める。胡椒を振りレモンの薄切りを浮かべる。

オニオングラタンスープ

ポイント　電子レンジを使って玉ねぎの甘みを上手に出す。

材料（4人分）

玉ねぎ ……………………… 2個（400g）
ニンニク ……………………………… 1片
バター ………………………………… 15g
コンソメ …………………………… 600㎖
（スープキューブ1個＋水600㎖）
ローリエ …………………………… 1/2枚
塩・胡椒 ……………………………… 少々
フランスパンの薄切り …………… 8枚
グリエールチーズ、コンテチーズ、
ミックスチーズなど
あればグラス・ド・ヴィアン …… 20g

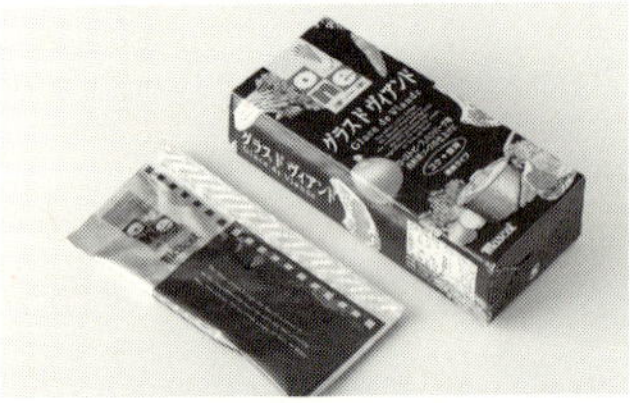

作り方

① 玉ねぎを薄切りにする（玉ねぎの芯ははずしておく）。

② 耐熱容器に入れてふんわりラップし、電子レンジ500Wで５分、200Ｗで10分ほどかける。一旦混ぜ返してさらに５分、混ぜ返してさらに５分かける。ラップを外し500Wに戻して様子を見ながら焦がさないように水分を飛ばすように、さらに数分かける。（Ｐ８参照）

③ フライパンにバターとニンニクの薄切りを入れて弱火にかけ、香りが出たら②の玉ねぎを加え、中火弱で玉ねぎとニンニクを飴色になるまで約５分ほど炒める。

ポイント あまりかき混ぜず、広げて焼き付けるようにして時々返す。

④ ③にローリエを加え、コンソメを100㎖ほど加えて、しっかりと乳化させる。さらに100㎖ほど加えてまた乳化させる。残りを２回に分けて加え、弱火で４〜５分煮込む。塩・胡椒で味を調える。

ポイント あれば市販のグラス・ド・ヴィアンを少々加えるとコクが出て美味しい。最近は大きな缶詰ではなく、P164の写真のような使い切りスティックが売られていて便利。

⑤ 煮込んだらローリエを取り出し、スープを１人分ずつ耐熱容器に入れ、薄く切ったフランスパンを浮かべる。

ポイント フランスパンをカリッと焼いておくと、さらに美味しい。

⑥ 上からチーズをたっぷりとのせ、オーブントースターでチーズをこんがりと焼く。

第4章

わが家の食卓

私は今、50代最後の日々を満喫中。もうすぐ還暦です。

渋谷駅を歩いていると現在進行している再開発事業の進展予想が掲示されています。

二〇二七年完成。？　二〇二七……。およそ10年後。？　私70歳？

ニュースを見ているとリニア中央新幹線の話が。

品川―新大阪開業予定は二〇四五年。二〇四五？　27年後。27年後？　私87歳？

渋谷駅の新しい姿は見られるかもしれないけれど、リニアに乗って新大阪まで行ける日が私に来るのかなあ？

ちょっと愕然《がくぜん》とします。

息子を片腕に抱っこしてママ友とおしゃべりしていた日、家族でドライブに出かけた帰り道、寝てしまった息子を起こさないようにと夫が先に家に入って布団を敷き、私が抱えて入ってそっと寝かしつけた日。そんな日々からほんの少ししか経っていないように思うのに、いつの間に月日が流れてしまったんだろう？

残されている時間に思いが及んだときは、普段は忘れている今までの自分の生活を手繰り寄せ始めます。

そうだ浜松にいた、アメリカ時代もあった、大阪にもいた。夫の両親、そして私の父を見送った。あんなところにもこんなところにも家族で旅行に行った。

料理の仕事を始めたのが40代に入った頃。それからこんな仕事もあんな仕事もした。そして出版させていただいた本が随分たくさんになっている……。そうかあ……やっぱり何十年も経っているんだなあ……と改めて納得します。

そんな風に感じるのは、ホントは20代30代の日には遠く及ばなくなっているのですが、老眼鏡やモーラステープ（消炎鎮痛シップ。すごくよく効くんです）の力も借りて、身体的、体力的にまだそんなに不自由を感じず、感覚的には若かったあの頃の「続き」を過ごしているからでしょうか？

そのことに感謝しつつ、これから先どうなっていくかは「神のみぞ知る」ですが、夫婦で健康でいたい。息子は自身の家族と楽しい日々を過ごしてほしい。孫にはとにかく元気で大きくなってもらいたい。ポピー（飼い犬）もずっと元気でいてほしい。そんなことを願う以外はもうあまり望むこともなくなってきました。

そしてそんな歩みの中で、「食」はいつも生活の源であり、「食卓」は生活の中心でした。

夫の実家で囲んだ食卓

娘時代は料理をほとんどしたことがないまま結婚した私が、初めて人様に料理（？）を出したときのことは鮮明に覚えています。

新婚ほやほやの我が家に、結婚前勤めていたゼネコンでとても仲良くしていた同期達が遊びに来てくれたときです。土曜日の昼下がりだったと思います。建設業は現場があるので週休二日とはいかず、土曜日も半ドンで、会社帰りに顔をのぞかせてくれることになっていたのですが、一足先に到着したN君はお昼ご飯がまだだと言います。私と夫はすでに済ませていたので、昨日の残りのかぼちゃの煮付けと、冷凍炒飯（と言っても市販はされていない業務用のちょっと美味しいもの）を出しました。たったこれだけのご飯を「美味しいねー。料理上手なんだね」と言って喜んで食べてくれ、後から来た面々にも「手料理をごちそうになっちゃったよ〜」と吹聴してくれました。

もちろんN君の気遣いだったのですが、それでもこのとき、人様を食卓でもてなすことは楽しいことだと感じたような気がします。

まだ毎日料理するのは荷が重く、経済的にも「『独身貴族』って意味がやっと分かった。お財布一つから一人の出費と二人の出費じゃ、全然違うのね。全部『倍』だもん！」って感じでしたから、夫の実家に週末ごとにおしかけて、ちゃっかりとご飯をごちそうになっていました。

四畳半の掘りごたつで、普段は外にいる柴犬のロミも参加して、大変な料理上手だった義母の料理に舌鼓を打ったものです。とにかく料理上手、そして丁寧な調理をする義母は大変だったと思いますが、「娘が一人増えたようだ」と義父ともどもいつも大歓迎してくれました。

近所の「橘屋」という肉屋のおじいさんが自慢たらたらで持ってくる牛のサイコロステーキを、長ねぎとピーマンと共に串刺しにします。それをロースターで焼いたものがとにかく美味しかった。それから、丁寧に丁寧に作られるポテトサラダ。その他何でもおいしかったのですが、中でも天ぷらはプロ並みで、義母が揚げたとは露ほども思わなかった来客が「こんな天ぷらを取れるお店が近くにあっていいですね」と言ったとか。

随分いろいろと料理を教えてもらったのに、そのうちそのうちと先送りしては、あまりの美味しさにいつも食べる側に回っていたこの天ぷらは、とうとう教えてもらう機会を逃したままになりました。

ものすごく後悔しています。おかげで今でも天ぷらは上手に揚げられません。

食事が終わると、皆でドラマなど見ましたが、テレビは私の背後にあったので、私は食卓の上にスタンド型の鏡を置いてもらい、それに映して一緒に見ました。

四畳半の掘りごたつで囲んだ、美味しくて居心地の良い食卓の集いは、ずいぶん長い間続いたように思いますが、今考えてみると実際はそれほど長い期間ではありませんでした。結婚して二年は経たずに浜松へ、東京に戻って今度はアメリカへと転勤している間に義父は病に倒れ、再び東京に戻った後しばらくして亡くなり、その後義母も体調を崩してしまったからです。

自分で作る集いの食卓

東京には二年も住まずに移り住んだ浜松。右も左もわからず、知り合いもいないところで、引っ越しの片づけが済んでしばらくは、毎日こたつと一体となってテレビを見ていました。

一か月も経った頃でしょうか。「このままこたつと朽ち果てるわけにもいかない！」と一念発起して、新聞広告や電話帳（このころはまだパソコンという物がありませんでした）でいろいろ調べてみましたがよく分からないので、手っ取り早く駅前の○○カルチャースクールで学生時代にやっていた茶道（月三回）と必要に迫られてもいた料理と茶道を絡めて懐石料理の講座（月一回）を申し込みました。

結婚前に勤めていたゼネコンを一日寿退社したものの、東京では設計事務所に勤めていたのですが、夫の転勤先でまで仕事を見つける気はしませんでした。また一～二年で動いてしまうのだろうと。ですからこの期間を自身の充電に充てて、遅まきながらの料理修業とやってみたかったことをすることにしました。

同時に仕事をしないなら、習い事をすることが地元のお友達を見つけて生活の幅を広げる最も近道だと思ったのです。この目論見《もくろみ》は見事に当たり、茶道の講座ですぐに同じ転勤族の同年代の人と仲良くなり、彼女の発案で街中のレストランで開かれているフレンチの教室（月一回）も行くようになりました。そこでまた転勤族で、結婚して間もなくて、まだお子さんがいないという全く同じ境遇の人達と知り合い、四人の仲良しグループができました。お互い地元の生活情報を交換し、よく一緒にいました。浜松を離れる間際になって、まるで伝染するかのように皆子供に恵まれ、付き合いは浜松を離れた後も続きました。

茶道の講座は、それはそれで大変楽しく、やがてカルチャースクールの講座はやめて先生のご自宅に伺うようになり、ずいぶん周辺のことにも詳しくなりました（ついでに自己流で着物を着付けることもできるようになりました）。

さらに少し後からですが、やってみたかったフラワーアレンジメント（月一回）もはじめました。

ちょっとコーヒーブレイク。

この頃は一九八〇年代の初め。日本の高度経済成長は落ち着きつつありましたがバブル経済に沸く直前で、ネットで検索すると「みんなが『自分はまあまあお金持ち』と思うことができた時代」と解説されているように、余裕のある時代でした。一億総中流という言葉がさかんに言われました。と同時に男女雇用機会均等法が施行される以前の、まだまだ女性は専業主婦が多かった時代です。

そして、このときのフレンチの先生との出会いが私を大きく料理の方向へと導いてくれたのです。その今井克宏先生は世界料理大会で優勝した方で、その頃は浜松市内で一日一組だけお客をとるお店をなさる傍《かたわ》ら、お昼の時間に料理教室をされていました。

当時主流だった料理教室のスタイルは、大勢の生徒さんを相手に講師が前にある調理台で調理見本を見せ（それが上から吊るされた調理台幅いっぱいの逆さ鏡に映っているのを生徒は見ている）、ひと通りの説明を聞いたら学校の調理実習室にあった調理台＋シンクのアイランドキッチンで五〜六人がグループになって自分たちで調理していただくというスタイル。

　このスタイルは、大抵年かさのおばさんが、鯛を捌《さば》くといった一番やりたい作業のところを独占してしまい、若い人は洗い物ばかりしているという事態に陥りやすく、しかも、先生ではなく、そのおばさんが作ったものを試食するという羽目になるわけなんです。

　ところが今井先生のお教室は六〜七人の少人数で、レストランの厨房で、間近に先生の調理を見つつ、質問しつつ、味見などさせてもらいつつ、あるときはピンポイントで実習させてもらいつつ先生が人数分を作られて、それを別室の客席でサーブしてもらっていただくというスタイルでした。細かい工程をつぶさに目の前で拝見して、先生が作られたものをいただくと大変わかりやすく、またインパクトがあり、家に帰って自分が作ったものとのお味の差にへこみつつ、また次回そのことを重ねて質問できました。

　というわけで、並行して習っていた懐石料理は全く頭に残らず、家で作ったものも少なく、今となっては、何を習ったのかと問われれば、かまぼこを作った記憶しかない有様ですが、フレンチの方は、このとき教えていただいたことは細かいコツのような部分まで、ほぼすべて習得できている。と言い切れる感じです。

家で復習するのですが、たいして料理経験のない私には、再現はなかなかハードルが高く、いやになってしまうくらい上手にできません。「切る」とか、「焼く」とか「裏ごす」

とかいった個々の作業もですが、工程の多い料理だとその組み立てがうまくできません。そのことを先生に伝えると、

「最初はできなくていいんですよ。というよりできないんです。でもここで見て、食べてと繰り返しているうちに、そのうち突然できるようになっていくんですよ。だから気楽にここで食べることを楽しんでいればいいのです」

とおっしゃるではありませんか。

この先生の言葉にそんなものかと嫌にならずに通い続けたことがとても大きなことでした。もっとも、皆さんと囲むこの教室の食卓はとても美味しく、楽しかったのでやめることはなかったとも思いますが……。

話は飛びますが、後にアメリカで子育てをしていたときのこと。生後五か月で渡米した息子は保育園に行っていましたが、なかなか英語を話しません。家で日本語ばかりだから？　とかかりつけの小児科医Ｄｒ・オデールに尋ねました。すると、

「お母さん、全然頭に入っていないように見えても、実はお子さんの脳にはものすごい量の英語の情報がインプットされていっているんですよ。それが自ら発する言葉となって出てくるには時間がかかるのです。でも間違いなくこの子の脳に刻まれていて、日本に帰った後でも英語と接する機会があると湧き出てくるものなんです」

　とおっしゃったのです。このとき、突然今井先生の言葉を思い出して、「そうかあ〜、一旦脳にインプットされても自分のものとして出せるようになるには、何事も時間がかかるものなのね」と妙に納得したのでした。

で、結果として両先生のおっしゃったことは、いつの間にかその通りになりました。

　というわけで、私はテーブルをフラワーアレンジメントで飾り、習得したての料理を並べて、夫の職場の方や、お友達夫婦とよく集まりました。見知らぬ土地での暮らしを彩ってくれた思い出深い食卓です。

　浜松二年→東京一年→アメリカ二年→東京三年→大阪五年→東京……とその後も移り歩くのですが、アメリカに到達するころには、料理はかなり得意なものとなりつつあり、ご当地の人に日本食を教えたり、日本人の方

に料理を教えたりするようになっていました。続く東京三年生活では料理教室をスタートさせました。

ホームパーティーがさかんなアメリカではもちろんのこと、息子が小学生として過ごした大阪五年の間は、学校のお友達との家族ぐるみ、またご近所のわんわん仲間との家族ぐるみの付き合いが多く、しょっちゅう集って楽しんでいました。この大阪・豊中での暮らしはもしかしたら最高に楽しい時間であったかもしれません。ご近所に恵まれ、いつも誰かと笑っていたような気がします。

囲んでいたのはもう、ほとんどいつもバーベーキューの炉。

牛でも豚でも鶏肉でも、とにかく網の上では肉類を焼き、野菜類は網の上では落ちたり焦げたりして厄介なので、鉄板を敷いてその上で何でも焼いていました。

そして必ず登場していたと当時を知る人が口をそろえて言うのは、ニンニクと鷹の爪をオリーブ油で炒めてスパゲッティを投入し、昆布茶で味付けした簡単アーリオ・オーリオ。手近な果物を切ってサイダーに投入したフルーツポンチ。

時々豚汁。だったそうです。実は自分ではよく覚えていません。

お友達や近所の人、この頃から同居し始めた私の母、長期の休みにはやってきて合流していた甥や姪、飼い犬のルナとその犬友達……と大勢の人と犬に囲まれる機会が多かったことは、きょうだいのいなかった息子を育てる上でも有難かったし、賑やかなことの大好きな私には一石二鳥のスタイルでした。

一人っ子が大勢の中で育っていけるという意味では、今の現役世代は女性も働くことが当たり前になった代わりに、保育園に入れることも当たり前になって、核家族で少子化といわれる今、子供にとってはとても良いことではと個人的には密かに思っています。

集う場から試作・試食の場へ

やがて息子は中学、高校、大学と進み、もはや親がかりになる必要もなくなりましたが、今度は息子のお友達や甥、姪たちがしょっちゅう出入りしていました。

そして時を同じくして、私自身の料理研究家としての仕事が増えつつありました。雑誌の料理ページ、食品メーカーとのタイアップのお仕事、お惣菜の開発、レストランのランチメニューの相談と様々な食に関する仕事をいただくようになり、対外的な仕事をするという意味ではまだまだ駆け出しであった私は、クライアントの希望するレシピを開発するために試作を繰り返すようになっていました。そこで我が家の食卓は新しいフェーズに突入しました。

とにかく、来る人を捕まえては試作品を食べてもらう場となったのです。

犠牲となったのはまず息子、夫、母、姉、そして息子のお友達。今まで扱ったことがなく、基礎知識の全くない素材のやみくもな試作品を食べさせられ、「おばさ〜ん、○○の試作品だけは二度と勘弁してください」といった悲鳴も……（ゴメンね）。

　雑誌に、レシピ本に、広告にと使われる料理そして教室用の料理……と、とにかくいつでも何かの試作をして、試食をして意見を言ってくれる人を料理が食卓で待っている。そんな時代が続きました。

　一番の犠牲者は私の家族と息子の中学時代のお友達でしょうか（笑）。高校、大学と進むにつれて私の知識や技量も格段に上がり、要領も良くなり、アシスタントさんたちがいてくれるようになって、以前のように「なんだ、これ？」といったものは登場しなくなり、大体完成しているけれど、私が感想を聞きたいといった段階のものになっていきました。

　さらに大学生が出入りするようになると、お友達は全国区となり、スタンダードな料理にもそれぞれ郷土色があることを知る場となり、教えてもらう場ともなりました。

　こうして皆が半ば強制的に参加してくれ、料理談義が飛び交い、様々なレシピが生み出された我が家の食卓。この食卓があったから今があると、囲んでくれた皆様には感謝の思いでいっぱいです。

暮らしの中の家族の料理

　と、ここまで書き進んできましたら、編集者さんから、

「ご主人や息子さんとの暮らしの中の家族の料理についても書いてください」

　という指令が……。

　ハテ？　ハテハテハテ？

そんな風に問われると答えに詰まります。え〜。なんだっけかな〜。そこで息子に聞いてみました。

「よく食べたね〜とか、これが我が家の味って君が思っている料理を教えてくれない？」

「う〜ん。大阪にいた頃はお肉屋さんのお肉で作ってた肉肉しいハンバーグとか、千本筋の煮込みとか、サムゲタンとか？」

「サムゲタン！　そうだね、一時期凝ってたね。すっかり忘れていたわ。お肉屋さんが烏《う》骨鶏《こっけい》を持って来てくれて。あの小さくて真っ黒な烏骨鶏を煮込んでたね」

「そうだよ〜。あのお肉屋さんのお肉の料理が印象的だよ。それから、親父と僕が釣ってきた魚だよね。塩焼き、刺身、煮付け？　それから、母さんが干物とかにもしてくれてたやつ。美味しかったじゃん」

「そうだそうだ！　とにかく親子で釣りにはまってたからね。お父さんは今でもそうだけど……」

「そうそう、それからリタさんのチーズとかすね肉のペースト、黒酢の酢豚？　要するに一番最初の本に載っている物がよく食べてた思い出の料理だよね。だってあの本は家でよく作っていたものが基本となって始めた料理教室で特に評判だったものを集めたものなんだからさ」

「それでさ、大阪から東京に帰ってきてからは、もう、その時々に仕事をしていた雑誌や本を見たほうが早いんじゃないの？　雑誌や本に載っている物が家でよく食べてたものだよ。小松菜と牛肉のオイスター風味の焼きそ

ばとかは好きだったな。高菜の中華の鍋とか。とにかく、その時々でどんどん変化したからね。で、とりわけ作りやすくて美味しいものがひとしきりブームとなって登場もしたけど、どんどん入れ替わったよね。クオリティはどんどん上がっていってたよ。ろくに外食をする隙もなかった気がする。

とにかく、試作品の試食が我が家の暮らしの中の料理だよ」

とのことでした。

息子の言った通りなのですが、そんな話をしているうちに一品だけ、私がしょっちゅう作っている料理を思い出しました。

それは義母に教えてもらったもので、同量の油と醤油で冷たいところから鶏もも肉を入れて火にかけ、蓋をして7～8分煮るという料理。恐ろしく簡単で、美味しくて千切りキャベツにたれをかけると山のようなキャベツが一瞬でなくなるくらい美味しくて。

お弁当にも向いているし、お弁当に入れて、夜また出しても夫も文句を言わないくらい大好きで……。

もう一品。それはなすを1～2センチ幅の

輪切りにして合いびき肉と共にフライパンで炒めます。油は特にひかなくてもひき肉からそのうちたっぷり脂が出てくるので、なすもしんなりよく炒めることができます。そこに砂糖と八丁味噌を加えて酒を少々入れて、ぐちゅぐちゅな感じに炒めつけるのです。これは私の実家で受け継がれてきたもの。

まあ、結局作り続けるものっていうのは、簡単で美味しいものですね。それだけは間違いありません。

そして、姑になる
——新米姑　奮戦中

その後、私は更年期と重なった親の介護などに疲れて体調を崩し、料理教室でさえ、一年ばかりお休みを頂戴しました。続いて息子が社会人となって巣立ち、我が家の食卓からは人影が消えていました。

母の在宅介護は立ち行かなくなり、母をホームへと送り出し、やがて少しずつ生活のペースが整ってきて、また元気に仕事をするようになって数年、私の生活の中で最も大きな変化が起こります。

「姑」になるというフェーズです。

それは結構、電撃的にやってきました。

息子が「付き合いはじめた人がいる。結婚も考えている」と言い出しました。

「そうなんだ。会ってみたいわ〜」と思わず言いました。

そうしましたら日時が決まり、

「ご挨拶に来る」っていう展開に……!!

マジか〜〜〜。

いきなりテレビドラマの世界に放り込まれたような感じ。

息子は「お茶でも……」とか言っていたような気がしますが、焦った私が逃げ込んだのは「一緒にご飯を食べる」というシチュエーション。でなきゃ、間がもたんでしょ!?

と、一生懸命料理をして晴れやかに食卓を囲みました。楽しい時間でした。

その後は順調に話が進み、結婚ということになりました。

そうしましたら今度は、当の息子はもちろん、夫、姉、甥、姪といった面々、それに息子の友達までがみんなして私がどんな姑になりそうかと興味津々、物見高く外野席から予想しあったりしていて……。

「失礼ね〜〜。散れ散れ！」って感じでした。

とにかく、良くも悪くも「姑」のプロトタイプがない時代。右へ倣《なら》えの日本人には結構キツイ。

でも私には義母との交流で培った嫁目線のガイドラインが残っています。

それを頼りに立場が入れ替わった我が家の新時代に向けて、また食卓を囲んで集いましょう。

美味しい料理があれば、みんなでそれを囲むことができる。笑顔になって会話も弾む。笑顔になれれば明日につながる。今までの生活で実感してきたことです。

昔、夫の実家の四畳半の掘りごたつで、居心地よく過ごしたあんな時間をみんなで過ごしていけたらと思う、この頃です。

そして、
言ってもらおうではありませんか！
「ママより美味しいね！」って。
「やっぱり、おかあさんですね～～」って。

(^_-)-☆

エピローグ

あとがきに代えて

私が過ごしてきた時代は、まだ日本も成長期で豊かな時代でした。一方で女性は家にいて……という感覚が厳然と残っている時代でしたから、結婚して、ましてや出産してなおフルタイムで働く女性はまだまだ少数でした。

今は結婚しても誰もが働くことが当たり前になって、もちろん私の息子の伴侶も姪も仕事で関わる女性も友達のお子さんも、皆さんフルタイム以上にハードに働いています。

私たちが直面してきたような、女性が外で働くことへの偏見や、職場でのひどい男女間格差はかなり是正され、自由に生きることができるようになってきました。が、今度は結婚して子供ができても両親が共に働き続けなければ生活が立ち行かないような状況が生まれており、しかもそれなのに、両親ともに育休が思うようには取れなかったり、保育園に入れなかったりと若い世代にとっては厳しい現実があります。

若い人たちの年収、非正規雇用、子供の貧困などの格差のニュースに接する度、「えっ！ 日本は一億総中流じゃなかったの？ いつの間にこんなことになってしまったの？」と思ってしまうようなことばかり。

その上、人口減少の中で私たち高齢者を支えていくような仕組みになっており、現役世代の人たちは本当に大変だと思います（それなのに、保育園建設に反対する高齢者ってどういうこと？）。

私の場合は仕事をしていると言っても、家にいて、料理を作る仕事でした。

それでも一日中仕事をしていたのに、夕食に出せるようなものは何一つなく、疲れて作る気もなく、店屋物を取ったことも度々です。広告に使う料理写真などは料理というよりはもはやデザインの世界なので、食材を使いながら絵を描いているような作業が延々と続きます。本当に延々と数か月かかったこともあります。

　料理写真の撮影のときは、点数が多いと撮影一日分の準備に二日はかかります。アシスタントさんとそれこそ朝から晩まで料理の下ごしらえで立ち働いていても、自分たちはその間コンビニのおにぎりばかりをほおばっていることが常です。それが連続で４セットくらい続くこともあります（ちなみに１２０品を二日で、２５０品を五日で撮ったことが一番ハードな記憶です）。

「仕事」ってそういうものですよね。

　家にいて、料理を仕事にしていてもこんな具合です。さらに私は毎日働いているわけではありません。

　毎日外で仕事をしながら子育てをし、家庭生活を切り盛りしていくことは大変なことです。

　特に食べることは休むことができません。埃《ほこり》で死なないからと掃除ならさぼれても、食べないでは生きていけません。ですが、お買い物して作って食べて洗って、という作業は疲れたときには面倒の一言ですし、むしろできない日があって当然なのです。

　私の編集担当にもお子さんを保育園→学童

と預けている現役世代のママがいます。

彼女のまわりにも、「これだけ働いて、ご飯を作っている時間などない……」と食事作りに疲労困憊していたり、食事はすべて園や学童まかせにせざるを得ないお母さんたちもいる。……のだとか。

また、提供されるおやつひとつにしても、スナック菓子であったりすることを気にする人と、全く気にしない人がいる。せっかく手作りおやつを出してくれていたところが、いろんな意見で続けられなくなることもある。……と食に関する課題は食事以外にもいろいろあるようです。

先日タクシーに乗ったときのことです。ちょうどテレビ局に向かうときで、若くて体格の良い運転手さんが問うので、料理の仕事をしていると言いましたら「すごくあこがれる」と言います。彼はお母さんと二人の母子家庭育ち。

お母さんは仕事に忙しく、ただの一度も料理をなさったことがないのだとか。そして現在は一人暮らしだけれど、だから料理というものがどういうものなのか全くわからないのだと言うのです。

炊飯器でご飯を炊くことも見たことがなく、フライパン一つお母さんが使っているのを見たことがないようでした。その結果、コンビニ弁当かインスタント食品ばかりを今でも食べ続けているらしい。それが彼の家庭における食事の原風景なのです。

こんな時代になったなら、やはり社会で支えていくことを考えなければならないと思います。

　しかし、自分が実際にそこまでは関われなくても、足元の自分の家族の手助けくらいはできたらいいなと思います。極上ではなくても手作りの料理で、現役世代の胃袋と食事の原風景を支えることができたなら、私たちお婆世代が現役世代に送ることのできる大きなエールの一つになるのではないでしょうか。

　押し付けになったりはしないよう、距離感を測りながら、みんなで楽しい食卓を囲みたい。そんな願いを込めて。

本文デザイン——岡崎理恵
写真提供——著者
料理スタイリング—HISAKO
食器協力——UTUWA
東京都渋谷区千駄ヶ谷3-50-11
明星ビルディング1F
03-6447-0070
http://www.awabees.com/user_data/utuwa.php
調理アシスタント—池田弘美　矢作尚世

著者紹介

中野佐和子

料理研究家。日本女子大学住居学科卒業。建築士として設計の仕事に携わった後、結婚。来客の多い生活の中で培った料理が評判を呼び、1991年より料理教室を主催。現在は教室の他、マスメディアでの情報発信、食品企業の広告用レシピ開発、企業へのレシピ提供などに多忙な毎日を送っている。
『ふたり暮らしのシニアごはん』(学研プラス)『手間なく作るおいしい朝食レシピ』(旭屋出版)『冷蔵庫から始める残さない暮らし』(小社刊)など著書多数。今までなんとなく作っていた定番料理をとびきり美味しくする、今さらながらの学びが教室で大好評。本書では、生徒さんからの質問が多いコツ等をQRコード付きで動画でも見られるようにまとめました。

http://vege.jp-sub.net/

えっ、ママより美味《おい》しい!?
定番料理《ていばんりょうり》をとびきり極上《ごくじょう》に。

2018年4月25日　第1刷

著　　者　中野佐和子《なかのさわこ》

発 行 者　小澤源太郎

責任編集　株式会社 プライム涌光

電話　編集部　03(3203)2850

発行所　株式会社 青春出版社

東京都新宿区若松町12番1号〒162-0056
振替番号　00190-7-98602
電話　営業部　03(3207)1916

印刷　大日本印刷　　製本　大口製本

万一、落丁、乱丁がありました節は、お取りかえします。

ISBN978-4-413-11256-7 C0077